中学生黄金成长系列丛书

U0733149

阳光中学生要有 好人缘

永　星◎著

宽容、友爱、尊重、感恩、和谐
让你成为朋友心中的珍宝

印刷工业出版社

图书在版编目（CIP）数据

阳光中学生要有好人缘/永星编著.—北京：印刷工业出版社,2010.7
ISBN 978—7—80000—951—8

Ⅰ.阳… Ⅱ.永… Ⅲ.人际交往－青少年读物 Ⅳ.C912.1—49

中国版本图书馆CIP数据核字（2010）第116942号

阳光中学生要有好人缘

编　　著：永　星

策　　划：籍艳秋
策划编辑：上官紫微　　　　　　　　责任编辑：郭　平
责任印制：张利君　　　　　　　　　责任设计：张　羽
出版发行：印刷工业出版社（北京市翠微路2号 邮编：100036）
网　　址：www.keyin.cn　　www.pprint.cn
网　　店：//shop36885379.taobao.com
经　　销：各地新华书店
印　　刷：北京通州丽源印刷厂

开　　本：787mm×1092mm　　1/16
字　　数：180千字
印　　张：16.875
印　　次：2010年7月第1版　2010年7月第1次印刷
定　　价：24.00元
ＩＳＢＮ：978—7—80000—951—8

◆ 如发现印装质量问题请与我社发行部联系　发行部电话：010—88275707

总序

为青春洒一缕阳光

永星

阳光是伟大的，伟大得没有一丝狭隘和自私，总是慷慨地将她的光和热赐予世间的万事万物，却不求一丝一毫的回报；阳光也是平凡的，总是默默地在遥远的天际，以一颗悲悯、博爱的心，惠泽芸芸众生，以至于我们在心安理得地享用着她的关爱的同时，却常常忽略了她的存在。

把自己的每一缕光、每一份热、每一段情、每一个爱都及时奉献和给予你身边的每一寸土地、每一条河流、每一个人、每一件事，这是太阳的情怀，其实，也应该是做人的真谛。事实上，每个人都可以成为一颗太阳，都需要具备阳光般的素养——宽宏博爱，受人欢迎；热情慷慨，惠泽众生。而对于广大中学生而言，只有具备阳光般的心灵，生命才能充满温情，生活才能洋溢幸福。

处于青春期的中学生，每个人都渴望快乐成长，走向成功，为青春的旅程留下一段深刻的足迹。而青春岁月正是积累自我、为人生赢得资本的黄金季节。这就需要我们不荒废每一刻，努力充实自我，把自己打造成一个身心充满阳光、具有无限魅力的中学生。那么，究竟如何做，才能将阳光邀请到我们的生活中呢？

首先，阳光中学生要有棒心态。心态是一个人处世的基点。随着生活节奏的加快，社会的变革加剧，大多数人都在追逐着名利、成就，以致让心灵不堪负累，让心境变得浮躁，使心态变坏变糟。处于青春期的中学生也在生活、学业的压力下变得心灵浮躁。若缺少良好的心态，心灵就会被扭曲，思维就会被禁锢，考虑事情的角度便会出现偏激，甚至做出出格的言行举止。

阳光灿烂的笑脸来自阳光的心态。有了棒心态，明媚的阳光才会洒向生活的每个角落，才会浸润青春的每一阶段。本该神采飞扬、激情四射的

中学生面对来自学习的压力，该怎样缓解？面对嫉妒、狭隘、猜疑、虚荣、自卑等负面的心理反应，该如何调节，才能走出心灵的泥淖？《阳光中学生要有棒心态》会为你指出一条走出心灵困境、拥有自信人生的途径，为你打开一扇心门。

其次，阳光中学生要有金口才。口才是一种比黄金还珍贵的才华。它不但是现代社会中一个人生存必备本领之一，也是你才华的外现，展露你心灵的一个窗口。随着社会的发展，人与人之间的沟通变得更频繁、更直接，对于口才的要求便会更高。

很难想象，一个笨口拙舌、说话脸红心跳、语无伦次的人，又如何能在激烈的竞争中脱颖而出，赢得成功。在校园生活中，如何化解尴尬？如何劝服他人？如何鼓励他人？如何感谢他人？如何向人求助？这一系列的现实生活、学习问题，哪一项离得开口才？又怎能离得开口才？《阳光中学生要有金口才》便使用生动的语言、有趣的故事为你的口才"镀金"。

最后，阳光中学生要有好人缘。人缘是一种比富矿还富饶的宝藏。拥有一个好人缘，你便拥有了人世间最为珍贵的亲情、友情、爱情，所有的幸运都将降临到你身上，所有的幸福都将不期而至，所有的快乐都将充盈在你心间。

作为中学生，正处在成长阶段，由于知识、阅历、思维方式的局限，遇到棘手问题难免会感到无所适从，比如，与朋友闹了矛盾以后怎么办？朋友对自己缺少了信任怎么办？如何让你的人际圈越阔越宽？如何同那些对你有帮助的人交往？所有这一切难题，你是否有信心、有方法从容化解？读了《阳光中学生要有好人缘》，也许你就能够找到行之有效的解决方案。

青春是首歌，成就的是你和我。少年时代的我们是最容易吸收知识、积攒能力的时期，牢牢把握这段年少时光，打造棒心态、练就金口才、建立好人缘。如此一来，在青春之路上，你的笑容才会更甜美、阳光，你的人生才会更加自信、洒脱！

目录

3 尊重，让我们的相处和谐而愉快

4 宽容待人，聚拢你的人气

5 分享让朋友加倍，令对手减半

6 敢于负责，赢得他人的欣赏

7 让信任走进心灵

8 放低姿态，巧得朋友的心

9 找到生命中的贵人

10 为自己留一片阴凉

① 种下一棵友情树

谁能够划船不用桨
谁能够扬帆没有风向
谁能够离开好朋友
没有感伤
我可以划船不用桨
我可以扬帆没有风向
但是朋友啊
当你离我远去
我却不能不感伤

——《朋友》无印良品

一枚图钉折射的爱

　　某个周末，刘冰与室友一同出去逛街。她们回到学校时，已经是夜幕降临。她路经宿舍楼前的水房时，突然发现一个黑影蹲在水房门口。所有的人都吓了一跳。

　　大家仔细一看，原来是同班同学关中乔正在地上摸索着什么。关中乔家住农村，是个寄宿生，由于他平时不太说话，所以，他与刘冰等人虽同在一班，但彼此了解并不多。

　　刘冰有些愠怒，带着责备的口气说："这么黑，你蹲在那里摸索什么，可把我们吓坏了！"

　　关中乔站了起来，像刚做了坏事的孩子一样，有些难为情地说："对不起，我掉了一样东西，找了好半天了。"

　　"是钱还是其他贵重的东西，要不我们帮你找？"

　　"哦，我买了一盒图钉，刚才带在身上，来水房打水时，不小心掉了一枚。"他认真地说，"我找了好一会儿了，难道这枚图钉长翅膀飞了不成？"

　　一枚图钉！刘冰和其他姐妹的脸倏地阴沉起来，觉得自己一片好意被他亵渎了。说："不就是一枚图钉吗，用得着你费那么大的劲找吗，盒子里不多的是吗，又不是什么值钱的东西。我还以为是什么金贵东西呢！"

　　"不是值钱不值钱的事，我一定要找到它！"关中乔显得很坚决。

　　"为什么？"

　　"这里是水房，每天来这里打水的同学络绎不绝，而且大家都穿着凉鞋，要是谁不小心踩上了，这枚图钉可就惹大麻烦了。"

　　刘冰闻言愕然无语，羞惭万分。原来关中乔的动机就这么单纯，他之所以执著地在地上摸索、寻找，仅仅是怕被无意间遗落的这枚图钉伤害到别人！

　　刘冰和另外几位同学的心不约而同地被触动了。她们一下子沉默了，再也没人有说风凉话的心思。大家互相用眼神交流着彼此的诧异和感动，

不约而同地蹲下身来，打开手机，借助显示屏发出的微光，同关中乔一起寻找图钉。

不一会儿，那枚发着冷峻光芒、有些调皮的图钉终于被他们找了出来。图钉在关中乔的掌心发出耀眼的光芒，关中乔的脸上也露出开怀的笑容。

那天晚上，刘冰等人都为关中乔的善良而感动不已。刘冰想，关中乔找回的不仅仅是一枚图钉，更多的则是心灵上的宁静和关爱别人的快乐。这种人与人之间的关爱恰恰是日常学习生活中所需要的，更是现代人所苦苦呼唤和寻找的。

成长启迪！

寻找一枚微不足道的图钉，所折射出的却是一份细节之爱！"勿以善小而不为，勿以恶小而为之"。生活中，我们常常会因为一己之利或只图一己之便，而给别人带来意想不到的麻烦或伤害。一个随手丢弃的果皮，一口随地吐的唾沫，一句脱口而出的贬损，一声放肆的嘲笑……这些都可能像那枚被遗落的图钉，很容易在某个时刻伤害了某个人。

每个不小心造成的伤害当中，都可能有另外一些不小心。如果大家都能谨慎一点，在细节之中展现自己的爱心，为别人着想，即使是负起一点小小的责任，也会让一颗心少受伤害，为人际交往注入一份温情。

智慧心语：

爱别人，也被别人爱，这就是一切，这就是宇宙的法则。为了爱，我们才存在。有爱慰藉的人，无惧于任何事物、任何人。

——彭沙尔克

3

被信任是一种幸福

一艘货轮在烟波浩渺的大西洋上行驶。一个在船尾做勤杂工作的黑人小孩不慎掉进了波涛滚滚的大西洋。孩子大喊救命，无奈风大浪急，船上的人谁也没有听见他的求救声，他只能眼睁睁地看着货轮拖着浪花越走越远……

求生的本能使孩子在冰冷的海水里拼命地游，他用尽全身的力气挥动着瘦小的双臂，努力使头伸出水面，睁大眼睛盯着轮船远去的方向。船越走越远，船身越来越小，到后来，什么都看不见了，只剩下一望无际的汪洋。

孩子的力气也快用完了，实在游不动了，他觉得自己要沉下去了。放弃吧，他对自己说。这时候，他想起老船长那张慈祥的脸和友善的眼神。不，船长知道我掉进海里后，一定会来救我的！想到这里，孩子鼓足勇气用生命的最后力量又朝前游去……

船长终于发现那黑人孩子失踪了，当他断定孩子是掉进海里后，下令返航回去找。这时，有人规劝："这么长时间了，就是没有被淹死，也让鲨鱼吃了……"船长犹豫了一下，还是决定回去找。又有人说："为一个黑奴孩子，值得吗？"船长大喝一声："住嘴！"

终于，在那孩子就要沉下去的最后一刻，船长赶到了，救起了孩子。当孩子苏醒过来之后，跪在地上感谢船长的救命之恩时，船长扶起孩子问："孩子，你怎么能坚持这么长时间？"

孩子回答："我知道您会来救我的，一定会的！"

"你怎么知道我一定会来救你的？"

"因为我知道您是那样的人！"

听到这里，白发苍苍的船长"扑通"一声跪在黑人孩子面前，泪流满面："孩子，不是我救了你，而是你救了我啊！我为我在那一刻的犹豫而感到耻辱……"

　　一个人能被他人相信也是一种幸福。他人在绝望时想起你，相信你会给予他拯救，这更是一种幸福。现实中，会有无数的不信任侵入你的内心，无尽的不信任感染你的思想，使你变得多疑起来。就让我们把自己透明的一面展现给他人，把自己的心从层层不信任的"铠甲"中解放出来，你就会发现：彼此信任的世界真好！

　　信任是最有力的教育，信任是最有力的交际武器。能够拥有别人最多的信任才是你所拥有的最高的绝技。懂得了这些，你才能在与人同铸学业共赴前程时运斤成风。

智慧心语：

　　对人的热情，对人的信任，形象点说，是爱抚、温存的翅膀赖以飞翔的空气。

　　　　　　　　　　　　　　　——苏霍姆林斯基

信和竹板

明朝名相费宏在 19 岁时就考中了新科状元，因此声名远扬。但没过多久，他就孤高自赏，不把别人放在眼里。

有一天，费宏的一个朋友来看他。两人边喝酒边聊天，却因为对一个问题的看法不一致而争执了起来。费宏火冒三丈，借着酒劲狠狠地打了朋友一个嘴巴。朋友捂着脸气愤地走了。自此，两人就绝交了。

等费宏清醒后，他急忙赶到朋友家里道歉，但朋友却不愿意出来见他。当时费宏的父亲住在乡下，听说这件事后很生气，连忙写了一封信教训儿子："你年纪轻轻就这么不尊重朋友，太不像话了！你赶快再去向那个朋友赔不是，不然，你就会犯更大的错误！"父亲随信还寄来一根竹板，叫费宏拿着竹板去向朋友谢罪。

费宏收到信和竹板，既惭愧又后悔。他立刻照着父亲的话再次赶到朋友家里，朋友依旧不肯见他。一连三次，费宏都被朋友拒之门外，这让他心里更加不安。

当费宏第四次来到朋友家时，他请朋友的仆人先把父亲的信和竹板给朋友过目。过了没多久，屋门猛地打开了，朋友哭着出来见费宏。费宏见他这么伤心，以为他还在生气，就连忙道歉说："我太对不起你了，请你别再生我的气了！"

那个朋友摇摇头说："不，我不是生你的气。我想，你有那么好的父亲，你有了过错，他会来教导你；可是我的父亲早死了，即使我有了过错，他不能再教导我了。我这才难过啊！"

费宏说："这不要紧。咱们朋友之间也能互相指出过错，互相帮助改正过错啊。"

自此，费宏和这个朋友不但没有吵过架，并且经常互相勉励，成了知己。

　　"知过能改，善莫大焉。"费宏因莽撞而得罪了朋友，并没有讳莫如深，而是以一颗惜缘之心几次主动登门道歉，勇于承认错误。这种交际态度，让他得到朋友的谅解，最终重获友情。

　　在交际中，一个懂得惜缘且勇于认错的人，能够很好地维护友谊的链条，这类人的交际路会越走越宽。所以，假如我们人际交往中无意犯了错，应以维护彼此情缘为出发点，学会道歉、认错。这样，既可以得到别人的谅解，又有利于个人的成长。

智慧心语：

两个人走在大街上，能碰一下衣袖，就已经是有缘了。

——三毛

奇迹就在举手之间

第二次世界大战期间，纳粹头目希特勒为了称霸世界，穷凶极恶，疯狂杀戮。为此，由艾森豪威尔统帅的多国盟军奋勇抵抗，瓦解了希特勒的一次次进攻。

一天，据情报部门传来的可靠消息称，欧洲盟军最高统帅艾森豪威尔即日在法国某地参加紧急军事会议，准备乘车返回总部。希特勒觉得这是除掉艾森豪威尔的绝佳机会，便命令部下，选几名最出色的狙击手埋伏在艾森豪威尔必经的路线上，争取一举将其除掉。

那天天空飘起了鹅毛大雪，天寒地冻。德国法西斯的狙击手们埋伏在冰天雪地的路口，紧紧盯着艾森豪威尔即将出现的前方。他们把手指搭在扳机上，随时准备将邪恶的子弹射出。

雪纷纷扬扬地下着，时间一秒一秒地流逝着，艾森豪威尔乘坐的汽车也在按既定路线疾驰，离纳粹的埋伏点越来越近……

就在这时，一件意想不到的事情发生了。

艾森豪威尔透过结着冰花的汽车玻璃，发现一对老人正蜷缩在道旁的雪地里瑟瑟发抖。看到有汽车驶来，两位绝望的老人目光里充满了渴望。艾森豪威尔命令警卫下车去问明情况。不一会儿，警卫报告说，这是一对老夫妇，准备去巴黎投奔儿子，现在因为下大雪而汽车抛锚，而且迷了路，在前不着村后不着店的路上正孤立无援呢。

艾森豪威尔仅仅迟疑了一秒钟，便命令警卫道："让他们上车吧，我们可以捎他们一段路。"一位参谋急忙提醒说："这样会不会耽误时间呢？我们必须按时赶到总部开会，这种事情还是交给当地的警方处理吧。"

"等警察赶来时，他们可能就要冻死在雪地里了。尽管时间很紧，但我们仍可以挤出些时间绕道送他们一程。"艾森豪威尔不容置喙地命令道。就这样，艾森豪威尔的汽车载着他和老夫妇折道而行。

而埋伏在前方不远处的希特勒的狙击手们正望眼欲穿地等待着艾森豪

威尔的汽车到来。他们不断变换着在雪地里潜伏的姿势，手指一直须臾不离地搭在扳机上，但始终没有见到艾森豪威尔的汽车出现。就这样，一个计划周密的暗杀计划宣告失败了。希特勒大发雷霆，认为是情报部门的信息不准。但他哪里知道，艾森豪威尔为了救那对危难之中的老夫妇改变了行车路线。

成长启迪！

史学家评论此事时说，艾森豪威尔的一次善举躲过了暗杀，否则第二次世界大战的历史将改写。这不能不让我们为善行所蕴蓄的巨大力量所折服，为善举所创造的人间奇迹而慨叹。艾森豪威尔在军务紧急的时候，尚能抽出那宝贵的时间去助人，去帮助急需帮助的人，从而逢凶化吉。这告诉我们，善良是生命中用之不竭的黄金。帮助别人，就是善待自己。不要以为助人是个单向的付出，有时候收获是巨大的；不要以为助人的时间非常有限，只要你愿意，助人的时间总是有的；不要以为助人的"时间成本"很高，其实它很低，因为奇迹的出现或福祉的创造可能就在举手之间！是善良让人际间充满令人感动的温情。

智慧心语：

最高的美德便是为旁人着想。

——雨果

爱、友情和成功

　　一位妇人走到屋外，看见院子里坐着三位长着白胡须的老人。虽然她并不认识他们，但是依然十分友好地对他们说："我想也许我们并不熟悉，但是我想你们应该很饿了。请进来吃点东西吧。"

　　"家里的男主人在吗？"老人们问。

　　"不在，"妇人说，"他出去了。"

　　"那我们不能进去。"老人们回答说。

　　傍晚，丈夫回到家里，妇人将事情的经过告诉了他。丈夫说："告诉他们我在家里了，请他们进来吧！"于是，妇人将三位老人请进屋内。

　　"我们不可以一起进一个房屋内。"老人们说。

　　"为什么呢？"妇人感到疑惑不解。

　　其中一位老人指着他的一位朋友说："他的名字是友情。"然后又指另一位说："他是成功，而我是爱。"接着又补充说："你现在进去和你丈夫商量一下，要我们其中的哪一位到你们的家里。"

　　妇人进去告诉丈夫，丈夫非常兴奋地说："那赶快邀请友情进来！"

　　妇人却表示不同意："亲爱的，为什么不邀请爱进来呢？"

　　丈夫思考了一下，对妇人说："就照你的意见吧！"于是，妇人又来到屋外，问道："请问哪位是爱？"代表爱的老人起身朝屋子走去。另外两人也跟着他一起进入屋内。

　　妇人惊讶地问友情和成功："我只邀请爱，怎么连你们也一道来呢？"

　　老者齐声回答："如果你们邀请的是友情或成功，另外两人都不会跟着进来，而你邀请爱的话，那么无论爱走到哪儿，我们都会跟随。"

友谊是我们迈向成功的桥梁。获得友谊的人，就会拥有一大笔财富。而爱是连接友情的丝带。真诚付出爱，给予朋友真诚的鼓励与安慰，蓦然回首，你会发现，有真诚的爱哺育的友谊之花环绕你的身边，你不但得到了友情，还得到了快乐，成功也就离你更近一步。

一成长启迪：

智慧心语：

唯有对人慷慨大度，赞扬人家的优美，真诚地付出，我们才能赢得朋友。

——艾弗林·恩的希尔夫

好人缘是这样获得的

　　一位传教士每天早晨总是按时到一条乡间土路上散步。

　　无论见到任何人，他总是热情地打一声招呼："早安。"有一个叫米勒的年轻农民，对传教士的问候，起初反应冷漠。这是因为在当时，当地的居民对传教士和犹太人的态度是很不友好的。然而，年轻人的冷漠未曾改变传教士的热情，每天早上，传教士仍然给这个一脸冷漠的年轻人道一声早安。终于有一天，这个年轻人脱下帽子，也向传教士道一声："早安。"

　　好几年过去了，纳粹党上台执政。这一天，传教士与村中所有的人被纳粹党集中起来，送往集中营。在下了火车列队前行的时候，有一个手拿指挥棒的指挥官正在挥动着棒子，嘴里叫道："左，右。"被指向左边走的人迎接的是死路一条，被指向右边走的人则还有生还的机会。

　　传教士的名字被这位指挥官点到了，他浑身颤抖，走上前去。当他无望地抬起头来，眼睛一下子和指挥官的眼睛相遇了。传教士习惯地脱口而出："早安，米勒先生。"

　　米勒先生虽然没有过多的表情变化，但仍禁不住还了一句问候："早安。"他的声音低得只有他和传教士两人才能听到。

　　最后的结果是：传教士被指向了右边——意思是生还者。

人是很容易被感动的，而感动一个人靠的未必都是慷慨的施舍、巨大的投入。往往一个热情的问候，温馨的微笑，也足以在人的心灵中洒下一片阳光。不要低估了一句话、一个微笑的作用，它很可能使一个不相识的人走近你，甚至爱上你，成为开启你幸福之门的一把钥匙，成为你走上柳暗花明之境的一盏明灯。有时候，"人缘"的获得就是如此简单。

智慧心语：

阳光和鲜花在达观的微笑里，凄凉与痛苦在悲观的叹息中。生活就是面对真实的微笑，就是越过障碍注视将来。

——雨果

沟通的力量

　　一位探险家到南美的丛林中寻找古印加帝国文明的遗迹，他雇用了当地的土著人作为向导及挑夫。一行人浩浩荡荡地朝着丛林的深处去。

　　土著人的脚力胜过常人，尽管他们背负着笨重行李，但仍是健步如飞。在整个队伍的行进过程中，总是探险家先喊着要休息，让土著人停下来等他。

　　一连过了三天，探险家虽然体力不支，但为了能够早一点到达目的地，一偿平生的夙愿，好好研究古印加帝国文明的奥秘，他只好忍着苦累，紧跟着队伍。到了第四天，探险家一早醒来，便立即催促着土著人打点行李，准备上路。不料，领导土著的翻译人员却拒绝行动，这令探险家恼怒不已。

　　后来经过探险家再三打听，与当地人细致沟通，才明白这个土著部落自古以来便流传着一种神秘的习俗：在赶路时，所有的人皆会竭尽所能地拼命向前冲，但每走上三天，便需要休息一天。

　　探险家对于这种习俗好奇不已，询问翻译向导，为什么在他们的部族中会留下这么耐人寻味的休息方式。向导神情庄严地回答了探险家的问题："那是为了让我们的灵魂能够追得上我们赶了三天路的疲惫身体。"

　　探险家听了向导的解释，心中若有所悟。他沉思了许久，终于展颜微笑，认为这是他此次探险中最好的一项收获。

在世界的各个角落，有很多的民族，而在这些民族中，也有很多我们不知道的习俗。如果想与他们更好地沟通，就必须先了解当地的习俗。一个人能够与他人准确、及时地沟通，才能与他人建立起良好的人际关系，而且这种关系是牢固的、长久的。同时，多了解他人的习惯，也能避免自身犯固执己见的错误。

智慧心语：

假如人际沟通能力也是同糖或咖啡一样的商品的话，我愿意付出比太阳底下任何东西都珍贵的价格购买这种能力。

——洛克菲勒

微笑的作用

希尔顿的父亲因车祸去世，一家人生活的重担全部落到他的肩上。他很想成为一名银行家，所以决心去得克萨斯州实现这个梦想。

到了得克萨斯以后，希尔顿想买一家银行。可是，当时他只有5000美元，而银行经理出的价钱是7.5万美元，比他现有的资金高出十几倍。希尔顿左思右想，决定筹钱买下银行。不曾想两天后，银行经理竟把价格提高到8万美元。希尔顿非常气愤，垂头丧气地来到一家叫"毛比来"的旅馆休息，但是旅馆里已经住满了客人。就在这时，他看见柜台前站着一个愁眉不展的人，于是走过去问道："你是这家旅馆的主人吗？为何这样不开心啊？"

"不错，我是这家旅馆的老板。有这样一个旅馆，我怎么开心得起来啊，我早就想扔掉这见鬼的旅馆了。"店主有气无力地说道。

希尔顿灵机一动，微笑地说："老兄，祝贺你，你已经找到买主了。"

希尔顿最终以4万美元买下了这家旅馆，而他自己只有5000美元，其余的钱全是借的。经过几年的精心经营，旅馆被希尔顿经营得有声有色，希尔顿的事业也向前迈进了一大步。

有一天，希尔顿高兴地把自己的成绩汇报给母亲。然而，母亲的反应令希尔顿大吃了一惊，只听她冷冷地说道："我看你与以前差不多，并没有太大的改变，只不过你把领带弄脏了而已。实际上，你必须寻找一种更值钱的东西，除了真诚地对待顾客以外，你还应该想办法让每个住进希尔顿的人还想着再来住。你要想一种简单的、不花费本钱的方法吸引顾客，这样你的旅馆才会不断向前发展。"

听完了母亲的这番忠告，希尔顿思索了很久，他想起了当初购买"毛比来"旅馆时的情景，店主在顾客面前总是表现出一副愁眉苦脸的样子，这对他启发很大。他终于想出了一种不花任何本钱却特别有效的办法，那就是"微笑"。

希尔顿要求员工们热情招待顾客，即使工作再累，心情再不好，也要

微笑着面对每一个客人，因为旅客永远是上帝。

希尔顿的经营策略大获成功，他的事业不断发展，最终建立了"希尔顿帝国"。即使20世纪30年代经济危机时期，许多旅馆纷纷倒闭，希尔顿的旅馆却依然能够生存下来，这不能不说是个奇迹。无论希尔顿的旅馆遭遇什么样的困难，旅馆里的员工对每一个顾客都始终保持着微笑。

成长启迪！

微笑能拉近人与人之间的距离，能增进人与人之间的友谊。一个以微笑面对他人的人，很多人都喜欢与他交往，也愿意同他做朋友，同时他也会取得事业上的成功。微笑就像一缕四月的清风，可以把你的愉悦吹拂到别人的脸上。当你向大家微笑的时候，你的微笑在感动着别人，也在感动着自己。可能你的微笑不一定是可爱的、漂亮的，但一定是美好的、温柔的，一定会让人得到心灵的宁静与平和。

智慧心语：

当生活像一首歌那样轻快流畅时，笑颜常开乃易事；而在一切事都不妙时仍能微笑的人，才活得有价值。

——威尔科克斯

不要吝惜你的赞美

比恩·崔西是美国的一位图书推销高手，他曾经说："我能让任何人买我的图书。"他推销图书的秘诀只有一条：非常善于赞美顾客。

有一次，他出去推销书籍，遇到了一位气质非凡的女士。那时候，比恩·崔西还是刚刚开始运用赞美这个法宝。当那位女士听到崔西是推销员时，脸一下子阴了下来："我知道你们这些推销员很会奉承人，专挑好听的说，不过，我不会听你的鬼话。你还是节省点时间吧！"

比恩·崔西微笑着说："是的，您说得很对，推销员是专挑那些好听的词来讲，说得别人昏头昏脑的，像您这样的顾客我还是很少遇到，特别有自己的主见，从来不会受到别人的支配。"

这时，细心的崔西发现，女士的脸已由阴转晴了。她问了崔西很多问题，崔西都一一作了回答。最后，崔西开始高声赞美道："您的形象给了您高贵的个性，您的语言反映了您有敏锐的头脑，而您的冷静又衬出了您的气质。"

女士听后开心得笑出声来，很爽快地买了他的一套书籍。不仅如此，在之后相当长的一段时间，她又在崔西那里购买了上百套书籍。

随着推销图书经验的日渐丰富，比恩·崔西总结了一条人性定律：没有人不爱被赞美，只有不会赞美别人的人。

一天，比恩·崔西到某家公司推销图书，办公室里的员工选了很多书，正要准备付钱，忽然进来一个人，大声道："这些跟垃圾似的书到处都有，要它干什么？"

崔西正准备向他露一个笑脸，这个人接着一句话冲了过来："你别给我推销，我肯定不会要，我保证不会要。"

"您说得很对，您怎么会要这些书呢？明眼人一下子都能看得出来，您是读了很多书，很有文化素养，很有气质，要是您有弟弟或者妹妹，他们一定会以您为荣为傲，一定会很尊重您的。"崔西微笑着，不紧不慢地说。

"你怎么知道我有弟弟和妹妹的？"那位先生有点兴趣了。

崔西回答："当我看到您，您给我的感觉就有一种大哥的风范。我想，谁要是有您这样的哥哥，谁就是上帝最眷顾的人！"

接下来，那个人以大哥教导小弟的语气对崔西说话，崔西像对大哥那样尊敬地赞美着那人。两人聊了十多分钟。最后，那位先生以支持崔西这位兄弟工作为由，为他自己的亲弟弟选购了五套书。

崔西在当天的日记中写道："其实，我心里很明白，只要能够跟我的顾客聊上三分钟，他不买我的图书，那是不可能的。因为，无论做人还是做事，要改变一个人，最有效的方式是，传递信心，转移情绪。"

成长启迪：

人是感性左右理性的动物。若一个人的感性被真正调动了，那么，他想拒绝你，比接受你还要难。而要想迅速控制一个人的感性，最有效和快捷的方法就是恰如其分的赞美。如此一来，你能迅速地得到他的欢心和信任。你会发现，你的交际圈中又多了一分子。

智慧心语：

称赞不但对人的感情，而且对人的理智也起着很大的作用。
——列夫·托尔斯泰

来自继母的赞美

小时候的卡耐基是个出名的淘气包。在他9岁的时候，父亲把继母娶进家门。

当时，卡耐基家还是居住在乡下的贫苦人家，而继母则来自富有的家庭。父亲一边向继母介绍卡耐基，一边说："亲爱的，希望你注意，这是全郡最坏的男孩，他已经让我无可奈何。说不定明天早晨以前，他就会拿石头扔向你，或者做出你完全想不到的坏事。"

听到父亲这样评价自己，卡耐基以为继母听了之后，一定会讨厌自己。但出乎他意料的是，继母微笑着走到他面前，托起他的头认真地看着他。接着她回头对丈夫说："你错了，他不是全郡最坏的男孩，而是全郡最聪明、最有创造力的男孩。只不过，他还没有找到发泄热情的地方。"

继母的话说得卡耐基心里热乎乎的，眼泪几乎滚落下来。就是凭着这一句话，卡耐基和继母开始建立友谊。也就是因为继母的这一句话，成为激励卡耐基一生的动力，使他日后创造了成功的28项黄金法则，帮助千千万万的普通人走上成功和致富的道路。

在继母到来之前，没有一个人称赞过卡耐基聪明，他的父亲和邻居认定：他就是个坏男孩。但是，继母就只说了一句话，便改变了他一生的命运。

卡耐基14岁时，继母给他买了一部二手打字机，并且对他说，相信你会成为一名作家。卡耐基接受了继母的礼物和期望，并开始向当地的一家报纸投稿。他了解继母的热忱，也很欣赏她的那股热忱，他亲眼看到她用自身的热忱，如何改变他们的家庭。所以，他不愿意辜负她。

来自继母的鼓励，激发了卡耐基的想象力，也激发了他的创造力，帮助他和无穷的智慧发生联系，使他成为美国的富豪和著名作家，并成为20世纪全球最具影响力的人物之一。

　　不管是普通的人也好，还是一个伟大的人，都希望听到别人的一句赞美的话。赞美不是虚伪的奉承，不是夸大其词的吹捧，也不是一味地敷衍；赞美是真诚的鼓励，赞美是对别人变相的鞭策。一句真诚的赞美可以激励一个人的一生，可以使他成就一番事业；一句不经意的讽刺、挖苦之言，有时会毁掉一个人的一生。真诚地赞美别人，也能令你营造夯实的人际关系，助你维持良好的交际氛围。

智慧心语：

　　一句普普通通的赞美有时可以改变一个人的一生。

——卡耐基

做一个有心的倾听者

美国著名的主持人林克莱特在一期节目上访问了一位小朋友，前者问后者："你长大了想当什么呀？"

小朋友天真地回答："我要当飞机驾驶员！"

林克莱特接着说："如果有一天，你的飞机飞到太平洋上空时，飞机所有的引擎都熄灭了，你会怎么办？"

小朋友想了想："我先告诉飞机上所有的人绑好安全带，然后我系上降落伞，先跳下去。"

正当现场的观众笑得东倒西歪时，林克莱特继续注视着孩子。没想到，这个孩子突然流出两行热泪，焦急地想要说什么。于是，林克莱特继续问他："你为什么要这么做？"

小朋友的回答透露出一个孩子真挚的想法："我要去拿燃料，我还要回来！还要回来！"

作为一个节目主持人，特别是访谈节目主持人，最应该做的事情就是倾听。林克莱特的确是个最出色的倾听者，他能够让孩子把话说完，并且在"现场观众笑得东倒西歪"时，仍保持着倾听者应具备的一份亲切、一份平和以及一份耐心。他的人格的确令人钦佩。假使林克莱特打断了孩子的话，那就是对孩子的不尊重。但林克莱特没有这么做，而是用耐心去聆听别人，同时，他也获得世人对自己的品德的肯定。

　　每个人都需要一个倾听者，用心灵去倾听，会给别人带来快乐和幸福。一个人如果愿意做别人的倾听者，不但自己能获得快乐，同样也能赢得别人的尊重，赢得别人的好感。

智慧心语：

学会倾听，有时机遇就在倾听时轻轻地敲你的门。

——卡耐基

发现别人的与众不同

　　1960 年，法国总统戴高乐访问美国。时任副总统的尼克松多次为他举行盛大的宴会。在一次宴会上，尼克松夫人费了很大的心思，在巨大的马蹄环形桌中间布置了一个美观的鲜花展台。不仅如此，鲜艳夺目的热带鲜花中央还有一个精致的喷泉。

　　精明的戴高乐将军一眼就看出来，这一切都是女主人为了欢迎他的到来而精心设计制作的，不禁脱口称赞道："夫人为举行这一次正式的宴会，一定花了很多时间来进行漂亮、雅致的计划与布置吧！"

　　尼克松夫人听后十分高兴。

　　事后，尼克松夫人对朋友说："大多数来访的大人物，要么不加注意，要么不屑因此向女主人道谢，而他却总是能想到别人。"

　　或许在其他大人物看来，尼克松夫人所布置的鲜花展台，只不过是她作为一位副总统夫人的分内之事，没有什么值得称道的。但是，戴高乐将军却领悟到了其中的苦心，并因此向尼克松夫人表示了特别的肯定与感谢，使得尼克松夫人异常地感动。

　　总统都注意细微之事，我们就更应该学习了。要赞美，就必须找到可赞美之处。而要找出可赞之处，就要用眼睛去发现、去挖掘，这也是我们能够在最短时间里获得别人好感的方式。往往就是我们的细心和爱心，帮助我们和他人建立深厚的友谊。

智慧心语：

生活中要善于细心发现。

——罗丹

花季密语　人缘不好怎么办

李成自升入中学后，总是爱挑别人的"毛病"，看看这个同学穿的衣服不顺眼，看看那个同学吃零食也不顺眼，看着别人骑的自行车比自己的新，心里就很不快，总忍不住说别人"臭美"。

渐渐地，同学们都开始远离他了。李成自觉没人缘，就更不愿与别人接触了，最后落个"孤家寡人"的结局，每天独来独往，非常寂寞。

中学时代，正是一个孩子开始建立交际圈的时候，对交际对象有所选择，完全是正确和正常的。但如果对交际对象采取敌视或躲避的态度，就是不正确的交际观念。

其实，我们经常都可以看到这种现象，有的同学身边常常是围满了人，有的同学身边却总是冷冷清清；有的同学不管遇上什么事都能迎刃而解，有的同学总是发愁无人为他解忧。

这种差别的产生就是由人缘的好坏导致的。人缘好的同学自然是左右逢源，什么事也难不住；人缘不好的同学当然是四处碰壁，无人理睬。那么，如果人缘不好该如何改善呢？下面给你提供四个需要注意的交际事项，如果你领悟并掌握，就会在很短的时间内改变自己的孤独处境。

✻ 不要纠结小事

同学之间相处，一般都是看人所长，避人所短。按照这样的原则去交往才会成功。反之，如果你总爱体察细节，过于追究小是小非，慢慢便把同学拒之门外了。学会严于律己，宽以待人，就会受到大家的欢迎，朋友自然会越来越多。

* 打消自卑心理

有的同学由于自我感觉条件比别的同学差，比如家庭状况不好、自己的学习成绩差等，总觉得低人一等，慢慢便产生了自卑心理。于是封闭自己的内心世界，不与他人来往，这样也就无从谈起建立好人缘了。

然而，并不是每个人的家庭条件都很好，也并不是每个人的自身条件都很优秀，为什么这些人当中却照样能有人具备好人缘呢？所以说，是自卑将我们拉离了人群，只要打消思想顾虑，走出自闭的阴影，便可营造好的人际环境。

* 减少猜疑心理

一些同学总是陷于猜疑之中不可自拔，特别是对那些飞短流长，更是信以为真。只要看到别的同学在一块咬耳朵，便猜疑对方是在说自己，结果硬是把人缘给"猜"没了。

其实，即使是猜疑也应该把握好分寸，要进行理智的分析。或许别人所说的话题根本与你无关。所以说，与同学相处时，遇事一定要先问几个为什么，不要胡乱猜疑，这样才有可能与同学交心，获得好人缘。

* 多做自我批评

俗话说：不怕人有错，就怕不改错。在生活中也是这样，当你与同学因琐事发生口角后，能主动做自我批评，同学自然就会原谅你。如果做不到这点，自然会影响到你的人缘。从根本上说，人缘的好坏，取决于自身的因素。如果把过失总推到别人身上，即使你有出色的交际技巧，也无法获得好人缘。多做自我批评，多肯定他人的优点，好人缘不请自来。

② 感谢你周围的人

新的一天带来新的一切
每秒的时间
都会有不可思议的发现
我要感谢这个美丽世界
我要感谢生命
感谢大地阳光空气和水
我要感谢一切

——《感谢》牛奶@咖啡

珍贵的礼物

在图斯加拉小镇上，老鲍勃过着富足而开心的生活。他的两个儿子，一个是州议员，另一个是身价不菲商界精英。老鲍勃因眷恋故土，不愿跟儿子一起去城里，所以宁愿一个人在小镇上莳花弄草，过着安然、惬意的生活。

这年春天，迎来了老鲍勃的65岁生日。由于老鲍勃在小镇上威信很高，所以这天前来祝寿的亲朋好友很多，他家的小院里处处祝福声声，笑语喧哗。他的两个儿子为表达对父母的感恩之情，为老人带来了一份特殊的礼物——两棵从法国辗转运来的珍稀花木白玉兰。白玉兰花朵硕大，如同白莲，挺立枝头，香气袭人，令人陶醉，老鲍勃喜不自禁。

就在这时，老鲍勃发现在门口一侧，一个十来岁的小男孩正挥动铁锹，奋力刨着什么。这孩子名叫菲尔德，从小便失去了父母，一直随着年迈多病的爷爷过着贫穷的生活。可以说，小家伙是在苦水里泡大的。老鲍勃出于同情或怜悯，经常和小镇上的其他居民一样接济他。

这个时间应该快到菲尔德上学时间了，可他却还在忙着闲事，老鲍勃不禁有些生气："菲尔德，你还不去上学，在这里磨蹭什么！"

菲尔德快速地用衣袖抹了一把额头上的汗，扬起脸来憨憨一笑道："爷爷告诉我，您收到了两株名贵的花木，我家没钱，没法送您什么珍贵的礼物，我就在这刨两个树坑送给您做生日礼物吧！"说罢，便又埋下头去，卖力地刨起来。

菲尔德幼稚而诚恳的话，顿时让在场的每个人心中涌起一股暖流。尤其是老鲍勃，眼眶一下子湿润了。他走过去紧紧握住菲尔德满是泥巴的手，感动得半晌说不出话来。他怎么也不会想到，自己平时对菲尔德接济的小小善举，竟会得到小男孩如此真诚的回报。

作为一个中学生，要有一颗感恩之心，要有一副知恩图报的善良心肠，有了这颗善心的支撑，才能在走向社会后展现你的人格魅力。

然而，一些中学生在学习时，稀里糊涂，没精打采；上网聊天玩游戏时，沉湎其中不能自拔；花钱时大手大脚故作潇洒；吃饭时挑肥拣瘦，难以伺候；过生日时，邀好友、摆宴席，大肆庆祝；把花父母的血汗钱视为理所当然；对同学漠不关心。这类学生总是对别人要求多，而对自己要求少，疏于用一颗感恩的心表达情感……

感恩其实是一种处世哲学，是一种人生大智慧。从人际关系的角度来看，别人喜欢你或厌恶你，愿意帮助你或渐渐疏远你，常常取决于你是否常怀感恩之情。

拥有一颗感恩的心，幸福将伴随我们左右，生活质量也将大有提高；拥有一颗感恩的心，我们才懂得去孝敬父母，尊敬师长；拥有一颗感恩的心，我们才懂得去关心和包容，赢得真爱，赢得友谊；拥有一颗感恩的心，我们才会勤奋学习，珍爱自己；拥有一颗感恩的心，我们才会明白事理，成熟懂事，为自己创造一个美好的未来。

智慧心语：

蜜蜂从花中啜蜜，离开时营营地道谢。浮夸的蝴蝶却相信花是应该向它道谢的。

——泰戈尔

感恩的回报

　　在一个闹饥荒的城市，一位心地善良、家庭殷实的面包师把城里最穷的几十个孩子聚集到一块，然后拿出一个盛有面包的篮子，对他们说："这个篮子里的面包你们一人拿一个。在上帝带来好光景以前，你们每天每人都可以来拿一个面包。"

　　瞬间，这些饥饿的孩子一窝蜂地涌了上来，他们围着篮子推来挤去，大声叫嚷着，谁都想拿到最大的面包。当他们每人都拿到了面包之后，几乎没有人向这位好心的面包师道谢，转身纷纷跑走了。

　　但是，有一个叫伊娃的小女孩却例外，她既没有同大家一起吵闹，也没有与其他人争抢面包。她只是谦让地站在一步以外，等别的孩子都拿到以后，才把剩在篮子里最小的面包拿起来。她并没有急于离去，向面包师表示了感谢，并亲吻了面包师的手之后，这才向家走去。

　　第二天，面包师又把盛面包的篮子放到了孩子们的面前，其他孩子依旧如昨日一样疯抢着，而羞怯、可怜的伊娃只得到一个比昨天还小一半的面包。当她回家以后，妈妈切开面包，许多崭新、发亮的银币从面包里掉了出来。

　　妈妈惊奇地叫道："立即把钱送回去，一定是面包师揉面的时候不小心揉进去的。赶快去，伊娃，赶快去！"伊娃立刻拿着银币去找面包师。当伊娃把妈妈的话告诉面包师的时候，面包师面露慈爱的笑容，说："不，我的孩子，这没有错。是我把银币放进小面包里的，我要奖励你。愿你永远保持现在这样一颗平安、感恩的心。回家去吧，告诉你妈妈这些钱是你的了。"伊娃激动地跑回了家，告诉妈妈这个令人兴奋的消息，这是她的感恩之心得到的回报。

每天心怀感恩地说"谢谢"，不仅使自己的生活变得积极，也使别人感到快乐。在别人需要帮助时，伸出援助之手；而当别人帮助自己时，以真诚和微笑表达感谢。感恩就这样一点一滴累积在人的心中，为人与人之间的交往注入一股股温情。

成长启迪：

智慧心语：

没有感恩就没有真正的美德。

——卢梭

一满杯牛奶

一天，一个贫穷的小男孩为了攒够学费，正挨家挨户地推销商品。劳累了一整天的他此时感到十分饥饿，但摸遍全身，却只翻出一毛钱，怎么办呢？他决定向下一户人家讨口饭吃。

当他走到下一个客户家门前叩门时，一位美丽的女孩打开了房门。此时，小男孩却有点不知所措，他没有向女孩要饭，只乞求对方给他一口水喝。这位女孩看到他很饥饿的样子，就拿了一大杯牛奶给他。男孩慢慢地喝完牛奶，问道："我应该给多少钱？"女孩回答道："一分钱也不用付。妈妈教导我，施以爱心，不图回报。"男孩说："那么，就请接受我由衷的感谢吧！"说完，男孩离开了这户人家。此时，男孩不仅感到自己浑身是劲儿，而且还看到上帝正朝他点头微笑。

其实，男孩本来是打算退学的。但女孩的话突然让他改变了主意，他觉得世间是充满温情的。信心，在此时重回了男孩的心海。

十数年之后，那位女孩得了一种罕见的重病，当地的医生对此束手无策。最后，她被转到大城市医治，由专家会诊治疗。而当年的那个小男孩如今已是大名鼎鼎的凯利医生了，他也参与了医治方案的制订。当凯利看到病历上所写的病人来历时，一个念头霎时间闪过他的脑际，他马上起身直奔病房。

来到病房，凯利医生一眼就认出床上躺着的病人就是当年那位曾帮助过自己的女孩。他回到办公室，决心一定要竭尽所能来治好恩人的病。从那天起，他就特别地关照这个病人。

经过医生们艰辛的努力，手术成功了。凯利医生要求护士把医药费通知单送到女孩那里，并在通知单的旁边签了一行字。

当医药费通知单被送到这位特殊的病人手中时，她不敢看，因为她确信，治病的费用将会花去她的全部家当。最后，她还是鼓起勇气，翻开了医药费通知单，旁边的那行小字引起了她的注意，她不禁轻声读了出来：

"医药费——一满杯牛奶。凯利医生。"

感恩是一种处世哲学，也是生活中的大智慧。一个聪明的人，不应该为自己没有的斤斤计较，也不应该一味索取而使自己的私欲膨胀。学会感恩，为自己已有的而感恩，对别人赠予的表示感激，感谢生活给我们的一切。这样，你才会有健康的心态和积极的人生观。

智慧心语：

生活需要一颗感恩的心来创造，一颗感恩的心需要生活来滋养。

——王符

我还有一颗感恩的心

我的手指还能活动；
我的大脑还能思维；
我有终生追求的理想；
我有爱我和我爱着的亲人与朋友。

"霍金先生，卢伽雷病已经将你永久固定在轮椅上，你不认为命运让你失去很多的出路吗？"在一次学术报告演讲之后，一名记者对霍金提出这样的问题。

大师的脸上充满微笑，用他还能活动的 3 根手指，艰难地叩击键盘，然后，大屏幕上出现了上面四段文字。

3 根手指和一个能思维的大脑是霍金身上唯一能动的部件。这个人生的斗士，这个智慧的英雄，除了他超人的意志之外还靠什么？靠的是爱，抑或靠的是高科技。没有爱他的人的照顾，卢伽雷病是不会让他活到今天的，也许他在生病之初就与世长辞了。奥斯特洛夫斯基全身不能动弹，但可以说话，才得以口述完成他的巨著。我国史学大师陈寅恪的巨著《柳如是别传》和著名哲学家冯友兰的巨著《中国哲学史新编》，也都是著者在双目失明或双目视物不清的情况下全凭口述而"写"出来的。

可霍金只有仅仅 3 根能微弱活动的手指和一双不会说话的眼睛，没有计算机，他怎么去表达他的思想，还能将他的智慧发挥出来吗？没有发达的医学，他仅仅能活动的 3 根手指如何总能动弹？没有强大的经济支持，他微弱的 3 根手指又如何能产生伟大的学问？成功的喜悦，胜利的光环，常常会令人忘乎所以，但是，我们永远不应该忘记那些帮助过自己的人。

所以，这个如今完全可以骄傲地面对人生的人，他在回答完那位记者的提问后，又艰难地打出了第五句话："对了，我还有一颗感恩的心！"

成长启迪：

感恩，应当是人们自发的行为。感恩是一种善于发现美并欣赏美的道德情操，是积极向上的思考和谦卑的态度。当一个人懂得感恩时，便会将感恩化做一种充满爱意的行动，实践于生活中。懂得感恩的人，会将自己的爱奉献给别人，所以通常也能获得别人的爱与感激，乃至帮助。人间之所以充满温暖，正是感恩的心在世人的脑海里流淌。

智慧心语：

忘恩比之说谎、虚荣、酗酒或其他脆弱的人心的恶德还要厉害。

——英国谚语

37

送玫瑰花实验

　　在情人节的前两个月，一位意大利的心理学家曾在两对具有大体相同的成长背景、年龄阶段和交往过程的恋人当中，做了这样一个"送玫瑰花"的实验：

　　心理学家让其中一对恋人中的男孩，每个周末都给自己心爱的姑娘送去一束红玫瑰；而让另一对恋人中的男孩，只在情人节那一天向自己心爱的姑娘送去一束红玫瑰。

　　由于两个男孩的送花频率和时机不同，导致了结果的截然不同：

　　那个在每个周末都收到红玫瑰的姑娘，在情人节收到红玫瑰时表现得相当平静。尽管没有大的不满意，但她还是忍不住说了一句："我看到别人送给自己女友大把的'蓝色妖姬'，比这普通的红玫瑰漂亮多了，心里真是很羡慕！"

　　而那个从来没有接到过红玫瑰的姑娘，当情人节这天手捧着男朋友送来的玫瑰花时，表现出了被呵护、被关爱的极度甜蜜，随后竟然旁若无人、欣喜若狂地与男友紧紧拥吻在了一起。

　　心理学家在得到了这个实验结果以后，立刻向两对恋人说明了原委，以消除实验带来的消极影响，同时还向他们讲解了另一个实验：

　　当一个人的右手举着300克砝码的时候，在其左手上放305克的砝码，他并不觉得有多少差别；直到左手砝码的重量增加至306克时，他才会觉得有些重。如果这个人右手举着600克的砝码，左手上的重量要达到612克时，他才能感觉到重。这就是说，原来右手的砝码越重，左手就必须增加更大的重量，举的人才能感觉到差别，或者可以这样解释：人的感觉与原来的基础密切相关。在心理学上，把这种现象称之为贝勃定律。

　　心理学家特别强调说，送花实验和贝勃定律对人们和谐地处理人际关系，至少有两点有益的启示：

　　对于给予方来说，要懂得给予应该是平等、及时、急需和适度的。因

为给予后效果的好坏，并不完全与给予数量的多少成正比。所以，雪中送炭的事情要尽量多做，锦上添花的事情要尽量少做，画蛇添足的事情要尽量不做。

对于接受方来说，要懂得感恩，避免被错觉所蒙蔽。有了感恩的心灵，才能有感恩的眼睛；有了感恩的眼睛，才能有感恩的世界；有了感恩的世界，才能有感恩的人生；有了感恩的人生，才能更懂得珍惜，更懂得满足，更懂得快乐，更懂得幸福。

成长启迪：

学会适当地给予，是换来良好人际关系的最佳方式。不能过分热心，也不可过分冷待他人，只有把人际关系的平衡木走好，才比较容易营造长久、公平且和谐的人际氛围。与此同时，学会用一颗感恩的心来面对身边的人和事。不要对别人过分奢求，在得到长久恩惠时，不能养成习以为常的坏习惯，把别人的恩惠当成是你应得的一切。只有时刻心怀感激，才能更容易满足和快乐。

智慧心语：

感恩是精神上的一种宝藏。

——洛克

时间和爱的故事

从前,有一个小岛,上面住着快乐、悲哀、知识和爱,还有其他各类情感。

一天,情感们得知小岛快要下沉了,于是,大家都准备船只,打算离开小岛。只有爱留了下来,她想要坚持到最后一刻。

过了几天,小岛真的要下沉了,爱想请人帮忙。

这时,富裕乘着一艘大船经过。

爱说:"富裕,你能带我走吗?"

富裕答道:"不,我的船上有许多金银财宝,没有你的位置。"

爱看见虚荣在一艘华丽的小船上,说:"虚荣,帮帮我吧!"

"我帮不了你,你全身都湿透了,会弄坏了我这漂亮的小船。"

悲哀过来了,爱向她求助:"悲哀,让我跟你走吧!"

"哦……爱,我实在太悲哀了,想自己一个人待一会!"悲哀答道。

快乐走过爱的身边,但是她太快乐了,竟然没有听到爱在叫她。

突然,一个声音传来:"过来!爱,我带你走。"

这是一位长者。爱大喜过望,竟忘了问他的名字。登上陆地以后,长者独自走开了。

爱对长者感恩不尽,问另一位长者知识:"帮我的那个人是谁?"

"他是时间。"知识老人答道。

"时间?"爱问道,"为什么他要帮我?"

知识老人笑道:"因为只有时间才能理解爱有多么伟大。"

成长启迪：

　　爱，在时间的荡涤下越显光华，人世间只要充满爱，世界的存在、时间和空间的存在才越发显得有意义。不要被金钱、虚荣、名利、悲伤和喜悦所牵绊，它们不能为你营造亲情、友情和爱情，只有爱，才能带来这一切。

智慧心语：

　　爱，可以创造奇迹。被摧毁的爱，一旦重新修建好，就比原来更宏伟，更美，更顽强。

——莎士比亚

爱因斯坦求职记

爱因斯坦从大学毕业后，半年多的时间过去了，但工作毫无着落，他几乎跌到了人生的谷底。

绝望之余，他想到德国伟大的化学家"科学伯乐"奥斯特瓦尔德。于是，他就给奥斯特瓦尔德写了一封信，但没有收到对方的回信。几天后，爱因斯坦又给奥斯特瓦尔德寄了一张明信片，在明信片上说，自己上次写给奥斯特瓦尔德的信可能忘了写回信地址，因此这次是特意告诉对方地址的。可是，奥斯特瓦尔德仍然没有回信。

爱因斯坦的父亲深深同情儿子的处境，洞察到失望的情绪如何刺伤了儿子的自尊心。虽然他贫困交加，但出于深沉的父爱，他多么想帮儿子一把。于是，他在爱因斯坦给奥斯特瓦尔德发出第二封信后的第十天，也提笔给奥斯特瓦尔德写了一封信。

亲爱的教授：

请原谅我是这样的一个父亲，为了儿子的前途竟贸然给您写信……

我儿子因为目前失业，极为不安，而且随着失业时间的拉长，他就越认为自己没用；更严重的是，由于我不富裕，他更认为自己是家庭的负担。由于我儿子尊崇您是当代最伟大的科学家，我才敢于请求您读一读我儿子的论文，并请求您写几个字鼓励他一下，以使他恢复对工作及生活的信心。如果您有可能替他谋得一个助教的职位，我将感恩不已。

我再次请求您原谅我的冒昧，而且希望您不要让我儿子知道我给您写了信。

但不知是奥斯特瓦尔德没收到这封信，还是看了信仍然不为所动，爱因斯坦没有收到任何回信，更不用说什么来自奥斯瓦尔德的鼓励和帮助了。

天无绝人之路。1901年4月，爱因斯坦的大学同学格罗斯曼给爱因斯坦寄来一封信。信中说，瑞士伯尔尼专利局准备设立一个专门审查各种新

发明的技术职位，格罗斯曼说自己的父亲乐于推荐爱因斯坦就任此职。

一年之后，爱因斯坦终于正式到专利局上班，他终于在 23 岁时摆脱了失业的阴影。为此，爱因斯坦一生都念念不忘这位同学的帮助。他多次说："这是格罗斯曼为一个朋友所做的最伟大的一件事。"

成长启迪：

当我们赤裸裸地来到人世，从无知直到长大成人，每时每刻都在享受着大自然、亲朋和无数陌生人的给予。我们被爱紧紧围绕着，许许多多人在为我们的成长和我们的生活奉献着、付出着。我们应该永远记住这些人和事、爱和恩，常怀着感恩的情怀。这样，至少可以让自己活得更加坦然，更加充实。

智慧心语：

每天我都要无数次地提醒自己，我的内心和外在的生活，都是建立在其他人的劳动基础上。我必须竭尽全力，像我曾经得到的和正在得到的那样，作出同样的贡献。

——爱因斯坦

生存的压力

　　有这么一种虫子，它的体长还不到 1 毫米。也许因为它在电子显微镜下看上去像一头黑熊，所以人们叫它"熊虫"。从前，人们只知道，它是缓步动物门中的一类小动物，主要生活在淡水的沉渣、潮湿土壤以及苔藓植物的水膜中，而且在喜马拉雅山脉和深海都可以找到它的踪影。

　　然而，近日，日本冈山大学物理学家小野文久却发现了一个惊人的现象：当 20 只熊虫被放入实验室密封的容器内，同时在实验室制造的 7.5 万个大气压下，20 只熊虫只有 2 只死亡，其余的 18 只安然无恙。

　　7.5 万个大气压呀！它相当于每平方毫米的大地要承受 745 千克重物的压力，它足以让淀粉瞬间变性，生米顷刻成为熟饭。自然条件下，地球上也只有 180 千米的地幔深处才拥有如此巨大的压力。

　　至今没有人能弄清楚熊虫为何有如此大的忍受力。不知是出于对这种超强生命力的尊重还是怀疑，有人叫它"地狱之虫"。

　　一个长度不超过 1 毫米的虫子，可以说微不足道，却能承受命运给它这样的压力。相比较而言，我们这些自称是高级动物、智慧生命、万物之灵的人呢？

　　在人类现实生活中，有多少小小的心结、小小的打击构成了我们所谓的"生存压力"呀！在这样的压力下，又有多少悲观失落之人将美好的人生称做地狱？与熊虫所承受的压力一比，我们承受的压力就好比是鹅毛之重，我们的"地狱"简直就是天堂中的天堂。

米兰·昆德拉的《不能承受的生命之轻》序言中有过这样的话语:"负担越重,我们的生命越贴近大地,它就越真实存在。相反,当负担完全缺失,人就会变得比空气还轻,就会飘起来,就会远离大地和地上的生命,人也就只是一个半真的存在,其运动也会变得自由而没有意义。"昆德拉用他的书告诉我们,生命只有在压力下才有意义,生活也只有在压力下才显得丰富。只有在压力大的环境中,人与人才会变得团结奋进,共同营造一个良好的生存环境,来抵抗自然界的压力。可见,压力不但让人变得坚强起来,更能促进社会的共融。

智慧心语:

困难就是一只砂轮,它能砥砺勇进者奋斗的利刃,也能磨去怯懦者不多的棱角。

——纪伯伦克

曼德拉的顿悟

南非的民族斗士曼德拉，因为领导反对白人"种族隔离政策"而入狱，白人统治者把他关在荒凉的大西洋小岛罗本岛上整整27年。

罗本岛位于离开普敦西北方向7英里的海湾。岛上布满岩石，到处都是海豹、蛇及其他动物。曼德拉被关在总集中营一个"锌皮房"里，他每天早晨和其他被关押者排队到采石场，然后被解开脚镣，下到一个很大的石灰石田地，用尖镐和铁锹挖掘石灰石。有时则需要下到冰冷的海水里捞取海带。因为曼德拉是要犯，专门看押他的看守就有3人。1991年，曼德拉出狱当选南非总统，他在总统就职典礼上做出了震惊世界的举动。

曼德拉就职当天，仪式开始了，他起身致辞欢迎来宾。在介绍了来自世界各国的政要后，他说，令他最高兴的是当初看守他的3名前狱方人员也能到场。他邀请他们站起身，以便他能把他们介绍给大家。曼德拉博大的胸襟和宽宏的胸怀，让那些残酷虐待了他27年的白人汗颜，也让所有到场的人肃然起敬。只见年迈的曼德拉缓缓站起身来，恭敬地向3个曾关押他的看守致敬，在场的来宾以至整个世界，都静下来了。

后来，曼德拉向朋友们解释说，自己年轻时性子很急，脾气暴躁，正是在狱中学会了控制情绪，才活了下来。他的牢狱岁月给了他时间与激励，使他学会了如何处理自己遭遇苦难的痛苦。他说，感恩与宽容经常是源自痛苦与磨难的，必须以极大的毅力来训练这些美德。曼德拉说起获释出狱当天的心情："当我走出囚室、迈过通往自由的监狱大门时，我已经清楚，自己若不能把悲痛与怨恨留在身后，那么我其实仍在狱中。"

看看我们的周边，人们之所以总是觉得烦恼缠身、充满痛苦，总是怨天尤人，多半是因为我们缺少像曼德拉那样的宽容和感恩。

成长启迪！

　　成功时，感恩的理由固然能找到许多；失败时，不感恩的借口却只需一个。殊不知，失败或不幸时更应该感恩生活。即使我们两手空空，但只要我们还怀揣一颗宽容和感恩的心去回馈社会，就能为人间的冷淡镀上一抹暖色，能为社会和谐赋予力量，能为自己、为别人预约心灵的春天。所以，感恩更是学会做人，成就阳光人生的支点。

智慧心语：

　　每一种恩惠都有一枚倒钩，它将钩住吞食那份恩惠的嘴巴，施恩者想把它拖到哪里就得到哪里。

——堂恩

花季密语
不善交友的人如何培养交际能力

人际交往能力的欠缺是影响顺利交友的原因之一。那么，不善交友的人如何培养交际能力呢？

★ 提高交往认识

现代社会的基本特征之一是开放性。社会的开放使得人与人之间的联系更加紧密、更加方便，又使人产生了更多的欲望和更高的情趣，所以，只有扩大交际圈才能适应社会，只有积极地进行交往，才有利于人的智力和创造力的发挥。

★ 培养语言能力

要想顺利进行人际交往，必须十分重视语言能力的培养。在这里向你透露一些"秘诀"：

一要明确说话目标。每说一句话，都应先想一想可能产生的效果，切忌没有目标或目标模糊地说话。

二是接着听者的感情脉搏说话。尽可能地在听众当时的心境状态下引发话题、阐明道理、分析事实，让对方在心平气和中，理解你所说的意思。

三要学会听话。具体地讲，要全神贯注地听别人说话，边听边概括对方说话的要点，还要协助对方把话说下去，更要善于听出说话者的言外之意。

四要敢于说话，克服恐惧情绪。会说话必须敢讲话，只有敢讲，才有可能会讲。要克服自我，培养自己当众讲话的能力。

✱培养非语言能力

非语言，主要指人的面部表情、姿势、动作等。例如，在听对方说话时，不要把视线一直死盯着对方，也不要一直不看对方；更不可听甲说话时，却把视线集中在乙身上。当坐着与对方交谈时，坐姿要端正、自然、大方。落座时动作要轻，落座后目要平视，不要东张西望而忽视对方。不要仰靠在坐椅或沙发上，腿不要抖动，更不要当着对方伸懒腰、挖鼻孔、剔牙齿等。一句话、一个眼神、一个手势都要得体，有利于与对方进行感情的交流。

✱掌握方法，积极主动地去交际

对于不善交友的你来说，不妨从以下几个方面，来有意识地培养自己：

1. 尽量多学会一些文体活动，如游泳、滑冰、打球等。你会的生活娱乐活动越多，越容易和别人打成一片，成为大家喜欢的人。

2. 要留心、关心周围的事，特别要关心那些你准备与之结交的人的事和其兴趣及爱好。

3. 克服羞怯、胆小心理。最好、最实际的办法，是把你的注意力集中在目前发生的事情上，而不要想着自己。当别人与你交流时，应马上做出应对。

4. 在学习之余，不妨主动地找同学谈谈心，讨论某些问题，交换一些意见，从而加深同学间的情感联系。

5. 如果和朋友之间发生一些小摩擦，不要斤斤计较，要学会谅解，以宽容来维护友情。

6. 当别的同学有求于自己时，只要对方提出的是正当的要求，就要尽己所能，满足对方的要求。当看到别的同学有困难时，要主动去帮助。

7. 学会宽容待人、感恩他人、谦恭礼让、惜时守信，等等，这也是正确处理好人际关系的技能。

值得一提的是，维持人际关系最需要的就是真诚。要懂得"你要别人怎样待你，你就得怎样待人"，懂得"得到朋友的最好办法是使自己成为别人的朋友"。

3 尊重，
让我们的相处和谐而愉快

只要心里当你是个朋友
上山下海绝对二话不说
如果偶尔跟你失去联络
我尊重你寂寞的自由
因为心里当你是个朋友
总是认定不说你也会懂你
有你的我有我的节奏
真心就有相处的把握

——《相信》苏打绿

感动李开复的瑞迪教授

25 年前，李开复慕名投到美国著名计算机专家瑞迪教授门下，从事计算机语音识别系统的研究。那时，瑞迪教授组建了一个 15 人的团队，用专家系统来解决不特定语者语音识别的难题。可是，李开复学习并实践了不少方法以后，发现专家系统很难解决语音识别问题，于是他大胆向瑞迪教授提出了自己的想法："我对专家系统失去了信心，我认为统计方法可以解决问题。"

当时，这种方法并不被大多数研究者看好，就连团队中另外 14 名从事此项研究工作的同事也都一致反对，他们坚持李开复的想法行不通。

瑞迪教授听了李开复的意见以后，虽然并不相信统计方法可以解决类似的难题，但他仍然被李开复的胆识和激情所感染，语重心长地说："我不同意你的看法，但我支持你用统计方法研究下去。看得出，你很有激情，所以我可以全力支持你。不过，我提醒你，过去有人曾用统计方法做过类似的工作，都没有成功。"

于是，李开复获得了独立研究、实践的机会。虽然瑞迪教授对他的研究并不抱有多大希望，但他仍然为李开复买了最新、运行速度最快的机器以供其研究使用，还专门建议国防部建立一个足够大的语料库。

为了证实自己的能力和想法，不辜负老师对自己的期望，李开复每天工作 18 个小时，写了至少 10 万行程序。3 年后，在他所坚持的方向上，语音识别系统的研究终于传来捷报——他把识别率从原来的 40％提高到了96％！他所开发的世界上第一个"非特定人连续语音识别"系统，被美国当时的《商业周刊》评为最重要的科学发明之一。

后来，李开复成了著名计算机专家，先后在苹果公司、SGI 公司担任要职，再后来加盟微软公司，成为比尔·盖茨的七个高层智囊之一。面对今天取得的辉煌成就，他说："这些年来，我在自己的道路上历经过无数的跌宕起伏，但是，当时与瑞迪教授的那场对话，我始终无法忘怀。'我

不同意你，但我支持你'，这句话将永远停留在我心灵深处。"

成长启迪：

在人际交往中，每个人对每件事都会有不同的看法和不同的理解，每个人也都有发表意见的权利，争论与分歧也就在所难免。你不必附和或同意别人，但你必须尊重别人表达或保留意见的权利。

尊重他人是一种美德，是一种高尚的情操。人人都渴望被尊重、被赞美，人人都希望别人投给你的是阳光而不是寒风。可你是否想过，你所渴望的这一切也正是别人想要得到的。

懂得自尊并且尊重他人的人才能得到别人的帮助。反之，不懂得尊重他人的人，也不可能赢得他人的尊重。

智慧心语：

我不同意你说的话，但我愿意誓死捍卫你说话的权利。

——伏尔泰

用心倾听他人说话

美国汽车推销之王乔·吉拉德曾有过一次深刻的体验。那一次，某位名人来向他买车，他推荐了一种最好的车型给他。那人对车很满意，并掏出 1 万美元现钞。眼看双方就要成交了，对方却突然变卦而去。

乔为此事懊恼了一下午，百思不得其解。到了晚上 11 点，他忍不住打电话给那人："您好，我是乔·吉拉德，今天下午我曾经向您介绍一部新车，眼看您就要买下，却突然走了。这实在令我感到诧异，是什么原因令您不买我的车呢？"

"喂，你知道现在是什么时候吗？"

"非常抱歉，我知道现在已经是晚上 11 点钟了，但是我检讨了一下午，实在想不出自己错在哪里了，因此特地打电话向您讨教。"

"真的吗？"

"肺腑之言。"

"很好！你用心在听我说话吗？"

"非常用心。"

"可是今天下午你根本没有用心听我说话。就在签字之前，我提到犬子吉米即将进入密执安大学念医科，我还提到犬子的学科成绩、运动能力以及他将来的抱负，我以他为荣，但是你毫无反应。"

乔不记得对方曾说过这些事，因为他当时根本没有注意。乔认为已经谈妥那笔生意了，他不但无心听对方说什么，而且还在听办公室内另一位推销员讲笑话。

这就是乔失败的原因：那人除了买车，更需要得到别人对自己儿子的称赞。

乔·吉拉德恰恰没有"站在对方立场思考与行动"。他只是想当然地以为"已经成交了"。

成长启迪：

上天赐人以两耳两目，但只有一口，目的就是使人多闻多见而少言。叫我们善于去聆听，并不是告诉我们要羞于表达，而是当他人的诉说欲望多于自己时，自己更愿意做一个聆听者。人与人之间需要沟通、交流、协作、共事。善于倾听与否，不仅体现着一个人的道德修养水准，还关系到能否与他人建立起一种正常、和谐的人际关系。

智慧心语：

我要领导他人，首先细心倾听他人的意见。

——松下幸之助

萧伯纳的教训

　　萧伯纳是英国著名剧作家、政论家，写了很多有关社会和政治的著作，1925 年曾获诺贝尔文学奖。

　　有一年，萧伯纳应邀到俄国访问。这天，他在莫斯科街头散步时，遇到了一位可爱的小女孩，小女孩正独自玩着"跳房子"游戏。充满童心的萧伯纳一时兴起，便停下脚步饶有兴致地观看起来。天真活泼的小女孩便热情地邀请这位好奇的成年人一起来做游戏。萧伯纳欣然应允。

　　那天，萧伯纳跟小女孩在街旁玩了很久，两人都感到十分快乐。傍晚时分，小女孩意犹未尽地对萧伯纳说："对不起，我要回家了，不然，妈妈会生气的。"

　　萧伯纳欣然点头，对小女孩说："那好吧，不过，你回去可以告诉你妈妈，今天同你玩耍的是世界上鼎鼎有名的萧伯纳，这样她就不会责备你了。"

　　谁知小女孩望了萧伯纳一眼，也学着萧伯纳的腔调，骄傲地说："你也回去告诉你妈妈，今天同你玩的是小女孩安妮。"

　　一向以能说会道著称的萧伯纳听了小女孩的回答，一下子竟无言以对，只能握了握小女孩伸出来的手，表示告别。心中却暗暗感到不好意思。

　　这个天真无邪、口齿伶俐的小女孩在萧伯纳心中留下了深刻的印象。回到英国后，他向朋友讲述了这次经历，感慨万分地说："一个人不论有多大的成就，对任何人都应该平等相待，要常常保持谦虚的态度。这个俄国小女孩给我的教训，我一辈子也忘不了啊！"

成长启迪：

萧伯纳对女孩说的一番话，其言外之意是：我很伟大，像你这样渺小的人与我交往应该感到十分荣幸；小女孩却不卑不亢，言外之意是：我虽渺小，但拥有与你平等交往的权利。

是啊，一个人无论多么伟大，也应该时刻保持一颗谦卑的心，以平等的姿态去与人交往，这可以让他赢得更广泛的尊重。

智慧心语：

我们不要把眼睛生在头顶上，致使用自己的脚踏坏了我们想得之于天上的东西。

——冯雪峰

停一停你的脚步

一天午后，伦敦一间老屋突然倒塌。废墟中，一个人的头露在外面，痛苦地呻吟着。这人在等待救援的过程中，由于失血过多，他的呼吸越来越弱，眼皮越来越沉。此时，一个男孩爬上废墟，俯身鼓励道："坚强些，你可以和我说说话，但千万不要闭上眼睛。"闭上的眼睛一下子睁开了，那人的眼神中隐藏着惊恐和谢意。

小男孩没话找话地跟那个被埋着的人说着话。可是，没过多久，被埋的人又一次闭上眼睛。男孩焦急地喊道："睁开你的眼睛，我们不能没有你！"被埋者的眼睛再一次艰难地睁开了。

救援人员终于赶到了，被埋者被送往医院。人们都松了一口气，说："孩子你真聪明，要不然你爸爸可能就挺不过去了。"

"我不认识他，我只是回家时路过这里。"男孩满脸稚气地说。

男孩与被埋者没有任何血缘关系，却停下了他的脚步，承担了救人的使命。他的鼓励和呼喊源于对生命的同情和珍重，也彰显了他那颗纯真善良的心。

茫茫人海，芸芸众生，不是每一个生命都能够被我们遇到，也不是每一次与人邂逅都能成就一份美好的因缘。可一旦遇到别人需要我们的帮助和支持的时候，你是否能够停下你那匆忙的脚步，抛却一切功利或警惕的心念，轻轻地问候别人一声，默默地对他施以援手？

当我们因抱怨世态炎凉而冷眼看待生命和生活时，当我们为自我目标而心无旁顾行色匆匆时，我们可曾听到那个男孩的呼喊，呼喊他对生命的珍重和对爱的传承？

在灾难来临时，在别人需要你的时候。你匆忙的脚步可能会踏疼了他们的心，你冷淡的目光可能会为无助的他们平添几分凄苦。让脚步停停，别走得太快，把冷漠与麻木的尘埃从你的行囊中掸落，让善良、关爱、理解紧紧跟上。

一成长启迪！

智慧心语：

集合每个人的力量，让小捐款变成大善款，随时帮助大家庭中需要帮助的人。在帮助他人的同时，您一定会感到幸福和快乐。

——李连杰

范仲淹与"麦舟之赠"

　　范尧夫是北宋政治家范仲淹的儿子，为人宽厚，乐于助人。范尧夫12岁那年秋天，奉父亲之命到老家苏州取回存放在那里的500斛小麦。到苏州后，他先拜见了祠堂亲人和父亲的几位好友，然后才把小麦装到船上，急匆匆地往回赶。

　　船到丹阳靠岸休息。范尧夫正巧遇见父亲的至交好友石曼卿，连忙上前问安，却发现对方步履迟缓，愁容满面，他急忙询问道："石叔叔，您为什么在丹阳？又为何愁眉苦脸呢？"

　　"唉，贤侄啊，实不相瞒——"石曼卿叹口气，无可奈何地说，"我母亲不幸在这里病逝。我想把她送回老家安葬，可惜人生地不熟，没有借到盘缠。"

　　范尧夫听后，眼圈发红，动了恻隐之心：石叔叔遭难，岂能袖手旁观？

　　他二话不说，便自作主张，将一船小麦都送给了石曼卿，并留下船工帮石曼卿处理丧事，自己则骑马抄小路回到了家中。

　　拜见了父亲后，范尧夫垂手立在一旁，忐忑不安，一言不发。

　　范仲淹问道："你去了一趟东吴，可曾拜见亲戚朋友？他们都还好吧？"

　　范尧夫回答说："别人都好，只是在丹阳碰见了石叔叔，他母亲不幸病逝，他没有盘缠，留在丹阳回不去了。"

　　范仲淹脸色一变，大怒道："那你为什么不把麦舟送给他？"

　　范尧夫作了一揖说："孩儿正是这样做的。"范仲淹这才点点头，拍着他的肩膀说："你石叔叔是我的好友，他有困难，我们就应该这样帮助他才对。"

　　后来，范尧夫功成名就，作了宋哲宗的宰相，其"麦舟之赠"也被传诵为仗义帮助朋友的佳话。

成长启迪：

　　我们在人际交往中，应当做到"勿以善小而不为"，不要以为小善无足轻重，就视而不见。要知道，你在为别人行一点方便、施一点善的同时，也为自己打开了一扇门，为自己的脚下垫了一块砖。

　　勿以善小而不为，一滴水可以折射出太阳的光辉，一件好事可以看出一个人高尚纯洁的心灵，轻视一件件好的平凡小事，就不会做出伟大的善举；轻视一滴水，就不会有浩瀚的汪洋；轻视一块砖瓦，就不能盖好高楼大厦。

智慧心语：

勿以善小而不为，勿以恶小而为之。

——刘备

心怀别人，你才能赢得尊重

有一个男孩生性怯懦，屡遭同伴的嘲弄与耻笑。男孩为此苦恼不已，连做梦时都想成为一位勇敢且受人尊重的人。

后来，男孩应征入伍了。他原以为新的环境会给他的境遇带来改观，但由于秉性使然，不久，男孩便再度沦为大家嬉闹、戏谑的对象。男孩非常痛苦。

一天，教官对新兵进行投掷训练，突然把一枚手榴弹向新兵旁边掷去。新兵们个个大惊失色，连滚带爬地纷纷溃散。教官的脸色顿时有些阴暗，他忿忿地说："这只是一枚不会爆炸的教练弹，我这样做是想检测一下你们的心理素质，看你们在突发性事件前，能否保持镇定和勇敢。要知道，对一名军人来说这是至关重要的！"

恰巧那天男孩因病未能出练。第二天，当他出现在操场时，教官暗示其他新兵不要声张，便故伎重施，将手榴弹再次掷出。大家掩面窃笑，期待一场闹剧上演。

同大家前一次一样，男孩并不知道手榴弹不会爆炸。然而在那一瞬，他却奋不顾身地扑了上去，用瘦弱的身体把手榴弹压在身下，并发出紧张而短暂的一声大吼："快，快闪开！"

人们惊诧了，面面相觑。谁也没有想到，男孩竟企图以牺牲自己为代价，来换取战友们的生命。男孩在那一刻所表现出的无私与无畏、果断与勇敢征服了大家。

过了好久，男孩才明白过来，缓缓从地上爬起来，羞臊地低下了头，等待同伴们的奚落。然而，这次没有什么奚落声响起。每个人都将自己的无尚崇敬与感激，化作热烈的掌声，为男孩鼓起，掌声经久不息。

男孩哭了。这是他生平第一次为受到如此厚重的礼遇而流泪。

从此以后，男孩一点一点地从卑怯中走出来，屡立战功，赢得了人们的无限崇敬。想及年少的际遇与今日的辉煌，已荣升军官的男孩总是感慨

万分地说：忘掉自己，你就会变得勇敢；心怀别人，才能让你赢得尊重！这句话成了男孩及其他战友恪守不渝的座右铭。

成长启迪：

　　心怀他人，是坚强勇敢的源泉，也是获得好人缘的源泉。当一个人只想到自己时，其实他把困难也留给了自己，而当他把方便让给别人时，其实别人也把方便给予了他。

　　心怀他人，是千百年来铸就的道德商标，任凭风吹雨打，依然岿然不动。心怀他人，是一种生活的态度，品德的体现。透析每个人的心灵，也许有三分自私，可能多几丝冷漠，甚至是半边功利……不论怎样，我们都应让它们一一缩小，而为他人留出心中的一席之地！

智慧心语：

　　如果一个人仅仅想到自己，那么他一生里，伤心的事情一定比快乐的事情来得多。

——马明·西比利亚克

63

尊重人性的不完美

美国《探询者》杂志邀请了一位年轻性感的女演员做了一次有趣的试验：由这名叫萨莉·马林斯的 22 岁姑娘独自扮演 5 种不同的角色，在同一地点手举"停车"牌等候救援，以验证何种"色相"对男人更具有吸引力。

第一次，她装扮成一位职业女性，在 1.5 分钟内有 62 辆汽车通过，但只有 1 辆车停下来愿向她提供帮助。

第二次，她装扮成孕妇，2.5 分钟内驶过 100 多辆车，却没有一辆车停下来。

第三次，她装扮成了一个上了年岁的老太太。5 分钟内有 200 多辆汽车驶过，只有 1 辆车停下来。

第四次，她戴上彩色假发，穿着大花衬衫，一副嬉皮士打扮。想不到，15 分钟内驶过了 353 辆轿车、摩托车、货车，竟没有一辆停下来，甚至连车速都没减。

第五次，她换上了一条性感的超短裙，裸露着漂亮的美腿，唇含微笑地站在路边。不到 30 秒钟，路过的第 1 辆车就在她面前主动地停了下来。

这就是赤裸残酷的现实，人性里的光辉或者灰尘，都会让我们吓一跳——因为"无记名"，因为太真实。不过，不要对人性抱悲观态度。人性里有善也有恶，还有更多的是不好不坏或者可以随时改变性质的东西，我们应该学习泰然面对，然后尽量"激发"他人的善念。

我们每个人都有自己的私心，在帮助别人的同时，我们的心里都会有一个隐形的小天平，不由自主地为这件事情做一次衡量。萨莉·马林斯通过 5 次不同身份的试验，得出了十分明显的结果：帮助孕妇和老人会给自己带来麻烦；嬉皮士本身是非主流的群体，也很难得到大家的帮助；而漂亮姑娘对每个人都有吸引力，也很轻松地赢得了帮助。那么如何能挖掘出我们内心中对于爱心的主动性呢？很简单，在遇到需要帮助的人的时候，少一点私心。在寻求帮助的时候，也要尽量不要让人感到厌恶。

智慧心语：

十全十美是上天的尺度，而要达到十全十美的这种愿望，则是人类的尺度。

——歌德

送你一束玫瑰花

在克莉斯的汽车展销室，一位中年妇女走了进来，她说她只想在这儿看看车，消磨一下时间。克莉斯向她走来，与她闲聊起来。中年妇女说她想买一辆福特车，可是大街上推销福特车的推销员却让她一小时以后再去找他。另外，妇人告诉克莉斯，她本打算买一辆白色的、双门箱式福特汽车，就像她表姐的那辆。

"今天是我55岁的生日，车是给自己的生日礼物。"中年妇女说道。

"夫人，祝您生日快乐！"克莉斯说。然后，她向秘书交待了几句后，又对中年妇女热情地说："夫人，既然您有空，请允许我介绍一种我们的双门箱式白色轿车。"

不多久，秘书走了进来，递给克莉斯一束玫瑰花。

"尊敬的夫人，祝您福寿无疆！"克莉斯将玫瑰花送给了中年妇女，微笑着说。

那位妇女的眼眶都湿润了，她被克莉斯的言行所打动，感慨地说道："已经很久没有人送花给我了。"

在闲聊中，中年妇女对克莉斯讲起了她的遭遇："街上那个推销员真是差劲！我猜想他一定是因为看到我开着一辆旧车，就以为我买不起新车。我正在看车的时候，那个推销员却突然说他有事，叫我等他回来，然后就不见了踪影。所以，我就到你这儿来了。"

最后，克莉斯成功地向她推销出了自己的那辆双门箱式白色轿车。

成长启迪！

　　人的内心都渴望得到他人的尊重，但只有尊重他人才能赢得他人的尊重。常言道：送花的人周围满是鲜花，种刺的人身边都是荆棘。唯有给别人以馈赠，方能得到别人的回赠。天底下没有两片完全相同的树叶，同样，也没有完全相同的人，所以人们在人格上都是平等的。在交往中应自尊而不骄傲，尊重别人而不谄媚；受惠于人不形成依赖；批评别人，以精诚相待、忠言诱导；受人批评，应虚心诚恳，即使对方的批评有失偏颇，也不要耿耿于怀，只要对方是出于真诚的目的去批评、关怀你，就不要再计较。对于学生们而言，同窗之间交往，只有相互平等，才会赢得彼此尊重。

智慧心语：

　　礼貌是儿童与青年所应该特别小心养成习惯的第一件大事。

——约翰·洛克

请勿嘲笑别人的缺陷

公元前 592 年，晋景公派大夫郤克访问齐国和鲁国。郤克在鲁国访问结束后，便要去访问齐国。这时，鲁国也想与齐国联络，鲁宣公就打发季孙行父与郤克同行。晋、鲁两国大夫中途遇见卫国的使臣孙良夫与曹国的使臣公子首，后两者也去齐国。于是，四人一起来到齐国都城临淄，拜见了齐顷公。

齐顷公一见他们四个人，差点笑出声来。只见晋国大夫老是睁一只眼闭一只眼看东西；鲁国大夫脑袋瓜又光又滑像个大葫芦；卫国大夫是个跛子；曹国大夫总是弯着腰。齐顷公使劲地忍住了笑，办完了公事之后，告诉他们第二天到后花园接受宴席招待。

第二天，齐顷公特意挑了四个人招待来访的大夫，陪他们到后花园赴宴。陪同独眼龙的也是一只眼，陪同秃子的也是秃子，陪同跛子的也是瘸子，陪同驼背的也是个驼背。当齐国国母萧太夫人见了独眼龙、秃子、瘸子、驼背成双成对地走过来时，不由得哈哈大笑起来，旁边的宫女们也跟着笑。四位大夫起初瞧见那些陪同的人都有些生理缺陷，还以为是巧合呢，直到听见楼上的笑声，才明白是怎么回事。

四国使臣回到馆舍，感到受到了极大的侮辱，非常生气。当他们打听到讥笑他们的是齐国的国母后，更加怒不可遏。

三国大夫对郤克说："我们诚心诚意来访，他们却如此戏弄我们，真是岂有此理！"

郤克说："他们如此欺负人，此仇不报，就算不得大丈夫！"

其余三位大夫齐声说："只要贵国领兵攻打齐国，我们一定请国君发兵，大伙都听你指挥。"

四人对天起誓，一定要报今日被戏弄之仇。

两年以后，四国兵车绵延三十多里，大举伐齐。齐军被打得落花流水，齐顷公被围在华不注山，仓皇逃跑之中和将军逢丑父迅速更换了服装，扮

作臣下，外出舀水，才保住性命。后来，齐顷公只好拿着厚礼向四国求和。

成长启迪！

　　四国的使臣是肩负着国与国之间和平相处、互通友好的使命而来，而齐顷公竟然拿使臣的生理缺陷开玩笑，丝毫没有尊重对方的人格尊严，引来了仇恨与战争，这个教训是十分深刻的。

　　在表达自我和与人沟通中，对话的双方都是具有尊严的主体。如果在交往中不能主动尊重他人，那么往往自己也不会得到他人的尊重。这样，交流沟通的结果则要大打折扣，甚至事与愿违。

　　总之，在和别人交往中，尊重是相互的。只有尊重别人，自己才能得到别人的尊重。我们只有发自内心地尊重他人，那么，好人缘也许就会不请自来。

智慧心语：

　　我们嘲笑别人的缺陷，却不知道这些缺陷也在我们内心嘲笑着我们自己。

——托马斯·布朗

尊重，是金钱买不到的

有位富翁十分有钱，但却得不到旁人的尊重，他为此苦恼不已，每日寻思如何才能得到众人的敬仰。

某天，他在街上散步时，看到街边一个衣衫褴褛的乞丐。他心想，机会来了，便在乞丐的破碗中丢下一枚亮晶晶的金币。谁知乞丐头也不抬，仍是忙着捉虱子，富翁不由得生气："你眼睛瞎了？没看到我给你的是金币吗？"

乞丐仍是不看他一眼，答道："给不给是你的事，不高兴你可以把金币拿回去。"

富翁大怒，意气用事起来，又丢了十个金币在乞丐的碗中，心想对方这次一定会趴着向自己道谢。却不料乞丐仍是对他不理不睬。

富翁几乎要跳了起来："我给你十个金币，你看清楚，我是有钱人，好歹你也尊重我一下，道个谢你都不会。"

乞丐懒洋洋地回答："有钱是你的事，尊不尊重你则是我的事，这是强求不来的。"

富翁急了："那么，我将我财产的一半送给你，能不能请你尊重我呢？"

乞丐翻着一双白眼看他："给我一半财产，那我不是和你一样有钱了吗？我为什么要尊重你？"

富翁更急起来，道："好，我将所有的财产都给你，这下你可愿意尊重我了？"

乞丐大笑："你将财产都给我，那你就成了乞丐，而我成了富翁，我凭什么来尊重你？"

故事中的富翁亟须别人的肯定与尊重，而乞丐誓不低头，则更是清楚地说明了金钱与尊重在许多时候是难以画上等号的。

富翁若能明了这一点，要受人尊重也就不难了。

尊严是精神层面上的东西，钱是实在的物质体，尊严并非用金钱就可以买到，这一点谁都明白，关键在于世人都把钱跟尊严挂钩起来。所以我们必须明确两者的区分，尊严是一种品质，并非用金钱就可以买到。要想让自己活得有尊严，就要堂堂正正做人，做一个好人、一个对他人有益的人。

智慧心语：

有了金钱就能在这个世界上做很多事，唯有尊严却无法用金钱来购买。

——莱蒙特朗

百分之百的富翁

　　19世纪中叶的一个冬季里，美国南加州沃尔逊小镇上来了一群流亡者。长期的辗转流离，他们每个人都面呈菜色，疲惫不堪。善良而朴实的沃尔逊人，家家都燃炊煮粥，友善地款待这群流亡者。

　　镇长杰克逊大叔给一批又一批流亡者送去粥食。这些流亡者显然已经好多天没有吃到这么好的食物了，他们接到东西后，连一句感谢的话也来不及说，就狼吞虎咽，大口大口地吃起来。

　　只有一个骨瘦如柴的年轻人哈默例外。当杰克逊镇长把食物送到他面前时，他说："我不能不劳动，就得到这些食物！"镇长杰克逊大叔想了想，说："要不你吃过饭再干活？"哈默不同意。

　　杰克逊大叔微笑地看着他，心知如果不让他干活，他不会吃东西。杰克逊只好让哈默给自己捶捶背。捶了几分钟后，杰克逊大叔感到十分惬意，给了哈默一盘食物。哈默才狼吞虎咽地吃下了饭。

　　杰克逊镇长很欣赏哈默，就留下了他，让他成为自己庄园里的人手。过了两年，杰克逊大叔把女儿玛格珍妮许配给了他。杰克逊大叔告诉女儿："别看他现在什么都没有，可他百分之百是个富翁，因为他有自尊！"

　　20多年后，哈默果然有了一笔让所有美国人都羡慕的财富。这个年轻人就是美国石油大王哈默。

成长启迪：

"别看他现在一无所有，可他百分之百是个富翁，因为他有自尊。"这是杰克逊对哈默最恰当的评价。是自尊赐予了哈默一副倔犟不屈的傲骨，自尊同样给了他无尽的精神和物质财富。

自尊，是一种美德，它在健全人格中的地位是无可比及的。我们在与人交往的时候，也要给自己以自尊，这样才可以获得别人的平等对待。

智慧心语：

一个人是否有成就，只有看他是否具有自尊心和自信心两个条件。

——苏格拉底

花季密语
交际中，要学会换位思考

秦艳和肖豆豆是同班好友，二人分别担任校报主编和学生会主席。一个周末，她们共同喜爱的著名作家毕淑敏要到"求知书城"进行签名售书。两人觉得这是一个与名人接触的绝好时机，也是丰富校报内容的最佳题材，于是，便约定周日上午九点在书城碰面，共同采访毕淑敏老师。

周日早上，秦艳如约而至。只见成群结队的毕淑敏忠实读者涌聚在书城门口以及大厅内，好不热闹。秦艳在人群外心急如焚地等了好久，也没见到肖豆豆的影子，自己便想一个人完成这次采访任务。无奈她一个小姑娘势单力薄，试了几次也没能挤进人群。跟名家交流的机会就这样错失了。

秦艳憋了一肚子火，把这次采访失败的原因都归结到了肖豆豆的头上。星期一一大早，秦艳在教室外的走廊里见到肖豆豆后，便对她大吼道："你怎么失约了？你知不知道一次绝好的机会让你错过了？这可是个大题材呀！你向来守时守信的，这次是想故意拆我的台是不是？没想到你竟是个这样的人！"

肖豆豆很委屈，一脸的难过："昨天早上我爷爷病了，我帮爸爸把爷爷送到医院后就赶过去了。虽然比咱俩约定的时间晚了半个小时，但还是赶到了。但由于人太多，我找了几圈也没找到你，后来由于惦记着爷爷的病情，我只好离开了……"秦艳听到她的解释后，仍余怒未消，说："不管怎样，你失约了，你不守信用！"肖豆豆有口难辩，伤心地哭起来。

班主任老师听到肖豆豆的哭声，忙过来问个究竟。了解完情况后，就重点做了秦艳的思想工作，认为秦艳的言行过于偏激，导致同学感情受到伤害。老师意味深长地对秦艳说："肖豆豆失约固然有不对的地方，但也有特殊原因。你这样言辞凌厉毫不客气地指责她，也有失妥当呀！你们俩之所以出现闹僵的局面，我看主要是因为你在处理这件事情上缺少换位意识。在人际交往中要学会换位思考，尊重彼此，这样才能避免许多不必要的摩擦呀！"

"老师，怎么进行换位思考呢？你能详细说一下吗？"秦艳显然也意识到了自己刚才的错误，语气和缓了许多。

班主任老师针对她俩的事情细细解说道："具体说来，不外乎以下几种方式——"

✱ 结合自身感受进行换位思考

孔子曰：己所不欲，勿施于人。在人际交往中，谁都不喜欢别人对自己粗暴无礼，甚至在众目睽睽下被人指责训斥。自己不喜欢，当然别人也无法接受。所以，在交际中，尤其是与同学产生矛盾、闹了别扭后，要多从自己的感受出发，推己及人进行换位思考。不妨先这样问问自己：如果换成我，他这样对待我，我能不能接受？他这样对我说话，我会不会高兴？我希望对方如何对待我？

如果能这样换位思考一番，那么，相信你的言行就会少许多锋芒，多一些平和，从而减少不必要的人际摩擦。

✱ 结合客观因素进行换位思考

客观条件往往会改变一个人，影响或改变事情的发展方向。在交际中，人往往容易受客观条件的制约和影响。当与同学发生不愉快或者产生误解、矛盾时，己方可以结合环境、现场、设施等客观因素进行换位思考。这样做，就会把事情的前因后果考察全面，有助于对矛盾产生的来龙去脉作辩证分析，而不至于误解、冤枉对方，发生人际纠纷。

上例中，肖豆豆没有如约来到作家签名售书现场，是因为爷爷突发疾病，这是客观因素之一；客观因素之二，是她和爸爸一起去医院送爷爷了，这才导致了她迟到、失约，也是可以理解的。如果秦艳在跟肖豆豆沟通时，能够依据这两个客观因素进行换位思考，那么就会多一些对肖豆豆的理解，少一些指责，从而避免上述不愉快。

✳ 结合对方处境进行换位思考

在人际交往中，一个人做出了让另一个人失望、反感、甚至令对方生气的言行，有时候并非出自前者的本意，而是跟前者当时的处境有关。因此，在人际交往中，我们要学会多从对方所处的情境进行换位思考，多想想别人的难处，少算计自己的"损失"，这样就会避免许多人际摩擦。

肖豆豆虽然比约定时间迟到了半个小时，可是她还是赶到了现场，并且在人群中努力寻找秦艳。但是，碍于书城面积大、顾客多的现实处境，肖豆豆找了几圈没找到秦艳，加之她担心爷爷的病情，所以最终没能跟秦艳会面。其实，这也是有情可原的。如果秦艳能从肖豆豆的这些处境进行换位思考，那么前者言语之间就会多几分和气，就不至于如此严厉地指责肖豆豆，让豆豆委屈不已。

✳ 结合对方性格进行换位思考

俗话说，千人千性千脾气。人的性格各有不同，处世风格与做事习惯也千差万别，我们不可能以统一的标准去要求或衡量不同性格的人。同学交往，少不了闹矛盾，这时，一方可以从宽容的角度，结合对方的性格特点，进行换位思考。

比如，性格暴躁的同学说话有时会不由自主地提高嗓门，甚至大呼小叫的，如果你因此而生气时，就可以这样进行换位思考：他这人就这火暴脾气，对其他人也是这样，我不能跟他计较。

生性多疑的人，听到别人小声议论就会以为是在说他，如果他因此无理取闹而让你不高兴，你可以结合他的性格这样换位思考：他这人心思细腻，但也没有什么恶意，我不理他就是了……这样，你就会心平气和一些。

例如，秦艳了解肖豆豆是不容易失约的人，在她失约时就可以这样换位思考：她向来是守时守信的，这次失约一定有其他特殊情况。这样一来，秦艳就会心平气和起来了。

总之，同学们在交际中要学会换位思考，因为换位思考本身就是一种心胸豁达的表现，在人际交往中会使你变得更加有亲和力。学会换位思考，

不但会减少诸多不必要的人际摩擦，还能够帮你迅速消弭人际裂痕，重新找回失落的友谊。更重要的是，换位思考也是互相尊重的表现。只有懂得尊重别人，你才能够找回自尊。

4 宽容待人，
聚拢你的人气

我的世界
因为有你才会美
我的天空
因为有你不会黑
给我快乐
为我伤心流眼泪
给我宽容
让我能展翅高飞

——《最美的太阳》张杰

心宽一寸，路阔十尺

　　这天，一家航空公司的老总乘坐本公司航班出差。这时，广播里传出了乘务员甜美的声音："各位旅客，因空中管制，本次航班大约会延误20分钟，给您造成的不便，我们深表歉意……"

　　老总知道，航班因空中管制而延误是正常的事情。广播完毕，乘务员返回机舱，坐在老总身旁的一名旅客却勃然大怒，开始对乘务员大骂："你们公司的领导见了上级就像一条狗！你们的航班要想正点，除非领导全死了！"

　　乘务员知道，他身旁端坐着的正是公司老总。面对乘客粗暴无礼的辱骂，委屈、难堪和无奈化作泪水一齐涌出乘务员的眼眶。乘务员含泪看看盛怒的乘客，再看看近在咫尺的老总，不知如何是好。

　　老总示意乘务员不要透露自己的身份。然后拍着那位旅客的手，和颜悦色地说："先生，您不知道，她公司的领导见了普通旅客才像狗一样，骂了都不回声呢。"那名旅客自感言行失当，便就着老总给的台阶而下说："哦，是吗？"然后不再骂骂咧咧，但他始终不知道，旁边的这位乘客正是被自己恶语辱骂的航空公司老总。

　　飞机平稳落地，等所有乘客都走下飞机后，乘务员含泪向老总道歉，检讨工作没做好，让领导受委屈了。

　　老总却说："你们处理得很好，干航空公司就要受得了委屈，我能受委屈，你们也要受得了委屈。"

　　这位老总就是时任中国国际航空公司总裁的李家祥先生。在他的领导下，国航在短短几年时间里，便从巨额亏损的烂尾公司迅速成长为全球市值最大的上市航空巨头。今天，李家祥已经成为交通部副部长兼中国民航总局局长。

　　古人说，小胜凭智，大胜靠德。在别人的辱骂面前，李家祥一笑而过；在乘务员的歉疚面前，他如此推心置腹。这件小事让我们看到了他豁达的胸怀和高尚的德行。

　　人的胸怀往往是委屈撑大的。在人际交往中，为何不把心放宽些呢？对于学子来说，同学间相处大可豁达、睿智、客观一些。要知道，心宽一寸，路阔十尺。心是路的基石，把心放平了、摆正了、拓宽了，路走起来才会顺利。

一成长启迪：

智慧心语：

　　当我回顾所有的烦恼时，想起一位老人的故事，他临终如是说：一生中烦恼太多，大部分担忧的事却从未发生过。

——丘吉尔

远离嫉妒，快乐交际

瞿蕴是一名聪明伶俐、成绩突出的高二女生。她不但人长得可爱，而且学习成绩优秀，在班里是名副其实的"班花"。可是前不久，班里转来了一位叫庄秀敏的同学。庄秀敏在转来后的第一次月考中，就以总分第一的成绩让全班同学刮目相看。这下子，瞿蕴感觉自己身上的光环在优秀的庄秀敏遮挡下黯淡了，她不由得对庄秀敏心生嫉妒。

一次课间，庄秀敏谦恭地走到瞿蕴跟前，向她请教一道化学题的解法，嫉妒心强的瞿蕴这下可逮着了机会，冷嘲热讽道："哟，庄大小姐可真是'不耻下问'呀，上次老师都公开夸你解题有灵性呢，这么简单的问题你来问我，不是存心想羞辱我吗？"

庄秀敏吃了闭门羹，以后再也不敢碰瞿蕴这个"刺头"，更加埋头用功了。瞿蕴呢，整天想着如何拔掉庄秀敏这个"肉中刺"，恨不得她再转学离开，或者有什么意外情况导致她成绩下降，让自己找回"一枝独秀"的感觉。瞿蕴整天这么寻思着，越想越生气，每次考试都发誓要超过对方，结果却总不遂人愿。

一天，瞿蕴忽然发现，庄秀敏和一个叫肖克的男生在放学后迟迟不离开教室，直到华灯初上时，两人才结伴离开学校。瞿蕴跟踪了他们几次，心里乐开了花：哈哈，这不正是整倒庄秀敏的绝佳理由吗！

于是，几天后，班里突然爆出了庄秀敏和男生肖克谈恋爱的传闻。传闻说，俩人每天放学后迟迟不回家，"在教室里耳鬓厮磨"，等路灯亮了再"手拉手回家"……这个消息的内容似模似样，由不得别人不信。

面对流言飞语，老实的庄秀敏无所适从，急得几次哭起来。班主任也很快知道了消息，就把庄、肖两位同学叫到办公室了解情况，才知道消息完全是无中生有，两人每天放学后仍在教室里确有其事，但两人并非是在"早恋"，而是在互相探讨习题，然后再结伴回家。这本是异性同学之间正常的交往，这种互相帮助、刻苦学习的精神更应该被提倡，班里怎么会有

诽谤他们的传言呢？后来老师逐步追查，终于找出了传言的始作俑者，竟然是瞿蕴！此后，大家都对瞿蕴敬而远之，她的人际关系指数直线下降。

老师找瞿蕴了解情况。瞿蕴坦言，自己就是因为嫉妒庄秀敏，所以才添油加醋制造谣言以此打击庄秀敏。老师严肃地批评了她这种因妒生恨、中伤同学的做法，并对她提出了忠告。

成长启迪：

故事中瞿蕴的言行是嫉妒心理的典型体现。面对比自己优秀的同学，理应虚心学习，取长补短，瞿蕴却念歪了经，当庄秀敏成绩比她好时，她就十分嫉妒，甚至因妒生恨。当庄秀敏向她虚心求教时，她非但不予解答反而极尽讽刺挖苦之能事，结果伤害了别人，也为自己的人际关系制造了不和谐音符。这种扭曲的心理，导致了她接下来的铤而走险——制造谣言、中伤竞争对手。她这样做的结果，不仅伤害了庄秀敏，给自己的名誉造成了不良影响，也破坏了她在同学心目中的形象，致使老师对她进行严肃批评，同学对她敬而远之。瞿蕴的做法得不偿失。可见，嫉妒心是绝对要不得的心态。

智慧心语：

嫉妒心是荣誉的害虫，要想消灭嫉妒心，最好的方法是表明自己的目的是在求事功而不求名声。

——培根

83

齐桓公宽容的故事

公元前 687 年，齐襄公政令无常，荒淫无道，致使齐国民怨沸腾，国家一片混乱。为了避难，齐襄公的弟弟公子小白在鲍叔牙保护下出奔莒国，襄公之子公子纠则被管仲带着逃往鲁国。不久，齐襄公的堂弟公孙无知弑君自立，旋即又被乱兵杀死，齐国君位空缺。

公子纠和公子小白闻讯都赶回齐国争夺君位。为能让公子纠顺利继位，管仲带兵埋伏在莒、齐之间要道上，见公子小白的车子驰来，一箭射倒车上的小白，以为他必死无疑，遂同公子纠一行慢慢地向齐国出发。五天后，公子纠和管仲到达齐国，却发现齐国已经成了公子小白的天下。

原来，管仲的箭只是射在公子小白的衣带钩上，公子小白咬舌出血，用装死骗过管仲。管仲离开后，他同鲍叔牙等人躲在帐篷车里日夜兼程抢先赶回齐国，捷足先登君位，被立为桓公。

齐桓公准备拜鲍叔牙为相，但鲍叔牙却极力举荐管仲，他说："臣幸运地跟从了君上，君上现在成了国君。如果君上只想治理齐国，那么有叔牙和高傒就够了。如果君上想成就天下霸业，那么非管仲不可，管仲到哪个国家，哪个国家就能强盛。"

齐桓公不高兴地说："管仲差一点把我射死，我怎能重用仇人？"

鲍叔牙说："我和管仲都是各事其主，当初他是为了让公子纠登上君位才这样做的，并无过错。国君不可记私仇而忘齐国大业，失掉这位难得的人才。"

齐桓公被说服了，决定重用管仲。为了诱使鲁国顺利放回管仲，他派出使者对鲁庄公说："桓公要报管仲一箭之仇，请把他交给齐国处治。"鲁国大臣施伯知道管仲回齐国会被重用，将来对鲁国不利，便劝阻鲁庄公不要交人。鲁庄公怕获罪齐国，令人把管仲装进囚车，押解出境。管仲坐在囚车内，被押往齐国。就在齐国君臣迎接管仲入境的同时，鲁庄公的追兵也赶来了。原来，鲁庄公醒悟过来：放管仲归齐，等于放虎归山。所以，

他急忙下令追杀管仲，但为时已晚。

　　齐桓公对管仲前嫌尽释，并委以重任，管仲感念齐桓公的大度宽容以及知遇之恩，倾心辅佐齐桓公，制定了一系列治国良策，从而使齐国国力大振。此后，经数年改革变法，励精图治，齐国终于成为春秋五霸之首。

成长启迪：

　　齐桓公明知道管仲差一点就要了自己的命，但是，在国家利益面前，他的远见卓识和大度能容的胸怀，让他以大局着想，对管仲尽释前仇，化敌为友，拜"仇人"为相，终于在管仲的辅佐下成为一代霸主。那么，齐桓公的做法对同学们的日常交往有什么启示呢？

　　俗话说得好，金无足赤，人无完人。同学之间相处总会出现这样那样的问题，甚至矛盾或摩擦，这都是十分正常的。像齐桓公那样以大局为重，把胸怀放得宽广一些，以宽容之心待人。这才是比较明智的做法。

智慧心语：

　　宽容就像天上的细雨滋润着大地。它赐福于宽容的人，也赐福于被宽容的人。

——莎士比亚

宽容是最高境界

第二次世界大战期间，一支部队在森林中与敌军相遇，双方发生激战。战争过后，两名战士与部队失去了联系。这两名战士之所以在激战中还能互相照顾、彼此不分，因为他们是来自同一个小镇的战友。两人在森林中艰难跋涉，互相鼓励、安慰。

十多天过去了，他们仍未与部队联系上。幸运的是，他们打死了一只鹿，依靠鹿肉又艰难地度过几日。也许因战争的缘故，诸多动物四散奔逃或被杀光，这以后他们再也没看到任何动物。两个年轻的战士身上仅剩下了一点鹿肉维持他们的生存。

这一天，他们在森林中遇到了敌人，经过一番激战，两人巧妙地避开了敌方。就在他们自以为已经安全时，只听到一声枪响，走在前面的年轻战士中了一枪，幸亏这一枪打在了他的肩膀上。后面的战友惊恐地跑了过来，他害怕得语无伦次，抱起战友的身体泪流不止，赶忙把自己的衬衣撕下来包扎战友的伤口。

晚上，未受伤的战士一直叨念着母亲，两眼直勾勾的。两名战士都以为自己的生命即将结束，身边的鹿肉谁也没动。

天知道，他们怎么过的那一夜。第二天，部队救出了他们。

事隔30年后，那位受伤的战士安德森说："我知道是谁冲我开的那一枪，他就是我的战友。他去年去世了。在他抱住我时，我碰到他发热的枪管，但当晚我就宽恕了他。我知道，他想独吞我身上带的鹿肉活下来，但我也知道他活下来是为了他的母亲。此后30年，我装着根本不知道此事，也从不提及。战争太残酷了，他母亲还是没有等到他回去，我和他一起祭奠了老人家。那时，他跪下来，请求我原谅他，我没让他说下去。我们又做了二十几年的朋友，我没有理由不宽恕他。"

成长启迪：

放下即宽容。一个人能容忍别人的固执己见、自以为是、傲慢无礼、狂妄无知，却很难容忍别人对自己的恶意诽谤和致命的伤害。但是，唯有以德报怨，把伤害留给自己，让世界少一些不幸，生活才能回归温馨、仁慈、友善与祥和。宽容的至高境界也就不过如此了。

智慧心语：

生活中有许多这样的场合：你打算用怨恨去实现的目标，完全可能由宽恕去实现。

——西德尼·史密斯

闵子骞为弟留母

春秋时期，鲁国有个人叫闵子骞，德行甚高，是孔子72个弟子之一。他自幼母亲病逝，父亲又当爹又当娘，十分辛苦。后来，为了照顾好闵子骞，父亲娶了邻村的一个寡妇。

闵子骞对继母十分孝顺，有了好吃的东西，他也是先请继母吃。继母在邻居面前对他赞不绝口。后来，闵子骞有了两个弟弟。等他稍稍长大，继母对他的态度越来越冷淡，一旦父亲出了远门，继母就指派他去干重活、粗活。稍有怠慢，就对闵子骞恶语相加，甚至施以拳棒。吃饭时，继母和弟弟有肉吃，闵子骞却只能吃水煮萝卜、白菜。一有机会，继母就在父亲面前说闵子骞的坏话，骂他是大饭桶。

有一年冬天，父亲要出门办事，把闵子骞叫来为他套辕赶车。车子出门不远，闵子骞被冻得连马缰也拉不住了，浑身上下抖得厉害。父亲十分诧异地撕开他的棉袄，发现里面竟然是丝毫不能御寒的芦花。

父亲十分心疼，赶紧脱下棉袄给儿子穿上，怒气冲冲地拨转马头回到家。当着继母的面将弟弟的棉袄也撕个口子，只见里面竟然是又软又厚的毛絮。

一样的孩子，两样对待。父亲火冒三丈，大声呵斥妻子："我本指望你能好好照顾这个苦命的孩子，没想到，你竟然这样待他，你也太狠心了！我今天就休了你，你赶快收拾东西，给我走！"说完，就抢起木棒朝继母打去。

顷刻之间，哭的哭，喊的喊，家里乱成了一团。眼看局面混乱得不可收拾，忽然，只听"咕咚"一声，闵子骞跪倒在父亲面前，泪流满面地对父亲说："继母虽然不是我的亲娘，但她是我弟弟的亲娘啊！过去继母只是对我一个人不好，但是弟弟得到了很好的照顾。要是您把继母给休了，那我和弟弟就都是缺少母亲的孩子了。恳求父亲看在我们兄弟三人的分上，还是把继母留下吧。"

此时，继母已是泪如泉涌，连忙走上前，把闵子骞扶起来，再三地检讨错误，哀求丈夫原谅她一次，并保证一定同等对待孩子。

从此以后，继母痛改前非，对待孩子们一样的好，一家五口真正和睦地生活在一起了。

成长启迪：

闵子骞年纪虽小，但处理这种较为复杂的家庭矛盾却十分成熟，其行为和态度让人感动、敬仰。他对继母敬重有加，继母却因有了自己的亲生骨肉后对他冷淡，乃至嫌恶。当一直被蒙在鼓里的父亲知道真相后，勃然大怒，欲以休妻的方式来惩罚继母。可以说，此时家庭矛盾被激化到了极点，父母之间成了对立的两面。这时候的闵子骞虽然年幼，但深明大义，既未隔岸观火，也没有火上浇油，而是对继母前嫌尽释，以宽宏大量之心替继母求情。不仅如此，他还站在两个同父异母的弟弟角度劝解父亲——如果继母被休，那么他们兄弟三人就都会缺少母亲。他的言行终于感化了继母，化解了一场家庭危机。闵子骞的宽容处事态度和大度的美德，值得我们铭记于心。

智慧心语：

紫罗兰把它的香气留在那踩扁了它的脚上。这就是宽恕。

——马克·吐温

奥巴马的谎言

奥巴马的父亲是非洲黑人，母亲是美国白人。而奥巴马则从小随外祖父母一起生活在白人圈子里。在他10岁的时候，他所上的学校包括他在内只有3个黑人小孩，为此，他感到非常自卑。

有一天，他回到家里，外祖母正生气地跟外祖父讲述她的遭遇。她抱怨说，在她等车时，一个黑人向她讨钱，她给了他一美元，但那个黑人仍不停地索要，甚至恼羞成怒，几乎要抢走她的钱包了。幸好公交车及时过来了，否则她可能要吃到那个黑人乞丐的拳头。

夫妇俩同仇敌忾，讲着黑人的种种不好。但说者无意，听者有心，这些话深深地刺伤了奥巴马的心。

奥巴马为自己的黑肤色感到自卑。但是，为了给自己寻找自信，他便在学校里向同学吹嘘说，自己的父亲是一位非洲国家的王子，是位让他为之自豪的成功领导人。

但是有一天，他的父亲从非洲回到美国，并应邀来到学校演讲。真相大白于天下，奥巴马坐在听演讲的同学中间，把头埋得很深，觉得很没面子。那天，他爸爸的演讲很成功，在场的老师和同学完全被折服了，不时报以热烈的掌声。

散场后，奥巴马心里一阵阵恐慌，谎言不攻自破，他不知该如何面对那些同学。同学们也显然洞悉了他的心思，并未因他撒谎而嘲笑他，而是宽容地称赞道："你父亲很酷。你有一位很了不起的父亲，我们为你感到自豪！"

这样的安慰和宽容让奥巴马心里感觉到了温暖，自信的笑容重新回到了他的脸上。此后，在与人沟通时，他完全走出了"肤色自卑"，再也没有因为自己是一名黑人而退缩过。

时至今日，他完成了自己的华丽转身，成为美国历史上第一位黑人总统，自信满满地斡旋于国内、国际事务之间。但功成名就的他仍然对这件小事记忆犹新。

奥巴马小时候生活在白人家庭、在白人学校学习，耳濡目染之下，肤色自卑自然会让他感觉自己是一只丑小鸭，渴望被人另眼相看的自尊心使他在同学面前撒了谎，说自己的父亲是非洲某国的王子。当他的父亲公开出现，他的谎言不攻自破，这一刻他心里十分忐忑。然而同学和老师并没有嘲讽他，而是对他的谎言只字不提，转而宽慰他。

奥巴马的经历启示我们，当同学犯了并非不可原谅的错误时，我们要以一颗宽容的心去对待，不能"一棒子打死"。应以善意去对待和处理别人的失误，这样才能令同学之情更加浓厚和真挚。

智慧心语：

人们应该彼此容忍：每一个人都有弱点，在他最薄弱的方面，每一个人都能被切割捣碎。

——济慈

拳击手的祈祷

　　曾经获得世界冠军的美国拳击手杰克，每次比赛前必先安静地祷告一会儿。一个朋友问他："你在祈祷自己打赢这一场比赛吗？"他摇摇头，说："如果我祈祷自己打赢，而我的对手也祈祷打赢，那上帝会很难办的。"

　　朋友很奇怪："那你到底在祈祷什么？"

　　杰克说："我只是祈求上帝让我打得漂漂亮亮的！最好让我们谁都不受伤！"

　　一个必须要将对手打倒在地才能赢得胜利和荣耀的拳击手，上场前竟然向上帝祈求这么一个愿望，实在令人感叹。其实什么事不是这样呢？在这个世界上，我们总要不可避免地介入竞争之中，总会有各种各样的对手站在我们面前，双方不可避免要分出个胜负。不过在这个过程中，双方起码可以让对方少受一些伤，或者不受伤。这是在目前的竞争状态下我们可以接受的最佳结果。但是，我们见过多少让对方永世不得翻身的对手啊！他们踩在"敌人"身上，冷漠的眼神穿透了天空。

　　所以有人才说，像拳击手杰克这样的人，即使失败了，他也赢得了别人的尊重，是他那宽恕和慈悲的心，使他的人生变得美好而温暖。

成长启迪！

拳击手的荣誉是靠拳场上的胜利赢得的，不论杰克的业绩如何，他的竞争心态对我们是有启迪意义的：他并不太看重输赢，只要求打得漂漂亮亮，而且希望任何人都不要在竞争中受伤，为竞争付出代价。

一个人也好，一个群体也好，无不在竞争中生存和发展，对于如何竞争和学会正确竞争，不仅涉及我们能否保持一个好的工作和生活心态，还关系到人品和形象，我们应该做一个善于竞争的竞争者。

智慧心语：

真正的对手会灌输给你大量的勇气。

——卡夫卡

学会谅解

一天，一个年轻的犹太妈妈带着儿子去拜访朋友。在公共汽车上，一位背着大包的青年挤进了车厢，犹太妈妈被他的大包撞到了一边。

儿子关切地问："妈妈，你没事吧？"同时，他恼怒地看了那位青年一眼，喊了一句："太可恨了！"

年轻的妈妈看着儿子，说道："可不能这么说，这位叔叔不是故意的。"这时，那位青年也连连向她道歉。儿子听到这些，惭愧地低下了头。

几天以后，妈妈早早下了班，她骑着车子来到学校，准备接儿子回家，结果发现儿子的手破了皮，血一滴滴往下流。妈妈心疼极了，赶快找来一些纱布，将儿子的伤口包好。然后就去问老师是怎么回事。老师也很纳闷，因为她既没有看到男孩来报告，也没有听到他哭过。

妈妈不解地问儿子："为什么不告诉老师呢？"

他笑着说道："妈妈，同学不是有意弄伤我的呀！为这事，弄伤我的人已经深感不安了，如果我再去告诉老师，他会更加自责的。"

妈妈听了儿子的话非常高兴，她摸着儿子的头说："好孩子，你已经学会了谅解别人。"

心胸狭窄的人，在与人交往时多是自私自利，眼里容不下一粒沙子。若是有人做出了一些对不住他的小事，这种人就会以怨报怨，以牙还牙，为自己的交际圈制造诸多麻烦，在生活中更是难以与人建立起和谐的人际关系，在事业上也很难有长足的发展。

而懂得宽容的人大多自信自强，他们能够高瞻远瞩，高屋建瓴，对眼下无关宏旨的矛盾和伤害能够一笑而过，化干戈为玉帛。这种人散发着过人的人格魅力，其人生道路也必然通畅，即使有荆棘的存在，也能在这类人的大度感化下化为美丽的花朵。

智慧心语：

宽容中包含着人生的大道至理，没有宽容的生活，如在刀锋上行走。孩子，如果美德可以选择，请先把宽容挑选出来吧！

——富兰克林

发牢骚的鸭子

很久很久以前，鸭子和天鹅是一对亲兄弟，他们的长相和外貌一模一样。鸭子是哥哥，天鹅是弟弟。

他们长大后，一同拜山鹰为师，学习追云赶月的飞翔技艺。跟老师学习了才三天，鸭子就有些受不了了。

"唉，要是我生在山鹰家里多好，从小就能出类拔萃，翱翔九空，省得受这份洋罪，去练这飞翔的技艺。"鸭子唉声叹气地说。

天鹅说："真本事来自苦用功，哪有一生下来什么都会的人呢？就算是山鹰的孩子，也是通过长期艰苦的练习才练就一身过硬的翱翔技艺。不信，你问问老师。"

"是啊，我们山鹰的孩子练起飞翔来一点也不比你们轻松，翅膀刮伤，脖子扭坏，那是常有的事。"山鹰笑着说。

鸭子平静了没几天，心里又烦躁起来："哼，山鹰练飞虽比我苦，可他起点比我高呀，我再苦练也跟不上人家。干脆另谋出路。"天鹅苦劝鸭子无效，眼看着自己的哥哥开小差溜了。

鸭子离开山鹰，接着跟金雕学艺。没过几天，他又腻烦了。

"此处四面环山，环境太小，这小地方岂能练出绝世的功夫？"于是，他再次出走。

就这样，鸭子曾到大海上向海鸥求教，曾到沙漠里向秃鹫学习，也曾到森林里以猎隼为师……辗转各地，东奔西走，他不是嫌环境艰苦，就是嫌老师刻板，怨天尤人，每天都有说不完、道不尽的牢骚。许多年过去了，鸭子飞翔的能力一点也没有提高，只能勉强从一个水塘飞到另一个水塘。

而他的弟弟天鹅经过长期的刻苦训练，早已成了举世闻名的飞行家。天鹅飞越珠峰的本事，往往连他的老师都望尘莫及。

有好事者问鸭子，对此有何感想时，鸭子说："人家命好，老师偏向父母宠，要是我有他那些条件，我肯定比他现在飞得还远还高，珠峰算什么！"

据说，直到今天，鸭子还牢骚满腹地嘎嘎叫，从不低头沉思一下自己到底错在哪儿。

成长启迪：

很多时候，宽容是给自己一条出路。将自己憋在死胡同里，永远都找不到前进的方向。鸭子因为总是怨天尤人，苛责自己的先天环境不好，又不知上进，往往半途而废，他的一生必然不会得到令人艳羡的成绩。须知抱怨从来不会让一个人飞黄腾达，只会令别人越来越看不起你,远离你。

智慧心语：

一个以自我为中心的人总是在抱怨世界不能顺他的心，使他快乐。

——萧伯纳

美味的鞋子

　　2003 年，当时仍旧是美国第一夫人的希拉里出版了自己的第一本自传《亲历历史：希拉里回忆录》。在这本书中，希拉里从自己的中学时代写起，以白宫八年生活为中心，广泛涉及克林顿执政期间美国的对内对外政策，及诸多重大国际国内政治事件的背景；另外，书中还包含她与克林顿之间的情感纠葛，以及她作为第一夫人为促进妇女与儿童的权益保障开展的广泛活动。该书文笔坦白、亲切、幽默、充满激情，有极强的可读性。

　　然而，在该书出版的时候，有人并不看好这本书。

　　"它不可能卖得好，我敢打赌，如果超过一百万本，我把鞋子吃下去。"这是一位脱口秀主持人针对美国总统克林顿的妻子希拉里写的自传的辛辣评价。不过，上天往往喜欢捉弄把话说绝的人，希拉里的自传没过几个星期，就畅销了一百万本。主持人该品尝鞋子的味道了。

　　没错，他的确吃鞋子了。不过，鞋子的质地不同寻常，主持人吃下的是总统夫人特意为他定做的鞋子形状蛋糕。那味道一定棒极了，因为它里面加了一种特殊的调料——宽容。

　　面对主持人的嘲讽，希拉里并没有给他以猛烈的回击或等着看他吃鞋子，而是用一种幽默宽容的方式巧妙地化解了这场矛盾。总统夫人因宽容而更加让人敬佩，蛋糕鞋子因宽容而更加美味可口。

　　宽容，能体现出一个人良好的修养及高雅的风度。它是仁慈的表现、超凡脱俗的象征，任何的荣誉、财富、高贵都比不上宽容。宽容是美德，它的背后有着心与心永久与纯洁的承诺。宽容地面对生活、面对人生，才会使自己拥有一个平静从容的生活，才能使自己活得更轻松、更洒脱。宽容别人，其实就是宽容我们自己，多一点对别人的宽容，我们的生命中就多了一点空间。

智慧心语：

君子贤而能容罢，知而能容愚，博而能容浅，粹而能容杂。

——荀子

丘吉尔的风度

英国首相温斯顿·丘吉尔是第二次世界大战期间带领英国人民取得反法西斯战争伟大胜利的民族英雄，是与斯大林、罗斯福并立的"三巨头"之一，是矗立于世界史册上的一代伟人。

第二次世界大战结束后不久，在一次大选中，丘吉尔落选了。他是个名扬四海的政治家，对于他来说，落选当然是件极狼狈的事，但他却极坦然。

当时，他正在自家的游泳池里游泳，秘书气喘吁吁地跑来告诉他："不好了！邱吉尔先生，您落选了！"

不料，邱吉尔却爽然一笑说："好极了！这说明我们胜利了！我们追求的就是民主，民主胜利了，难道不值得庆贺？朋友劳驾，把毛巾递给我，我该上来了！"

丘吉尔那么从容，那么理智，只一句话，就成功地再现了他那种豁达大度的大政治家风范！

还有一次，在一次酒会上，一个女政敌高举酒杯走向丘吉尔，并指了指丘吉尔的酒杯，说："我恨你，如果我是您的夫人，我一定会在您的酒里投毒！"显然，这是一句满怀仇恨的挑衅之语。但邱吉尔笑了笑，友好地说："您放心，如果我是您的先生，我一定把它一饮而尽！"丘吉尔的应对果然是从容不迫。

成长启迪！

　　丘吉尔的宽容和风度着实令我们敬佩。宽容也是一种艺术：有些时候，宽容能为你赢得别的尊敬；有时候，宽容就是对别人的纵容，所以不妨予以反击。丘吉尔就是很好地运用了这种宽容的艺术，令自己的风度尽显。我们在与人交往的时候，不妨效法丘吉尔。

智慧心语：

智慧的艺术就是懂得该宽容什么的艺术。

——威廉·詹姆斯

花季密语
与同学交往，要摒弃不良心理

良好的心理素质，是同学们进行广泛社交活动的必要条件。相反，心理状态不佳，会在同学之间形成某些隔膜和屏障，把自己孤立起来，使人际关系始终处于紧张状态，难获好人缘。因此，我们在学习、生活中应注重提高自身修养，努力克服以下几种不良心理。

✳ 要摒弃自私心理

有些同学在人际交往中处处从一己私利出发，对待同学只求索取不讲奉献，这样做最易伤害同学间的感情，让自己与"好人缘"无缘。甚至还有些同学为争名夺利、损人利己，这些都是自私心理的表现，对人际交往危害很大。因此，与人交往要摒弃自私之心。

✳ 要摒弃自傲心理

有自傲心理的同学一般表现为处处唯我独尊，"老子天下第一"，说话做事趾高气扬，轻视别人，甚至贬低别人、嘲笑别人，听不进别人的意见。这种心理对于交际危害很大，有自傲心理的同学很难受到同学的欢迎，也难有个好人缘。

✳ 要摒弃猜疑心理

猜疑心重的同学，往往喜欢用不信任的眼光去审视别人和看待外界事物，每每看到或听到别人议论什么，就认为别人是在讲自己的坏话。有些猜忌成癖的同学，往往会捕风捉影、节外生枝，甚至说三道四挑起事端。其结果只能是自寻烦恼，害人害己，使自己的人缘越来越差，成为不受同

学欢迎的人。

*要摒弃妒恨心理

一些同学无法容忍别人强过自己，一旦有人比自己某一方面强，就满腹怒火，恨不得对方消失。这样的学生很难交到知心朋友，一旦被人发现真面目，会令同学对其敬而远之。

*要摒弃心胸狭窄的心理

当别人做了对不起你的事，不要过分计较，宽容大度一些，会让别人更加敬佩你。如果总是抱着以牙还牙的心态去对待别人，绝对不会拥有好人缘的。

总之，在交际中，莫自私，学会与同学分享；莫自傲，要学会平等地对待同学；莫猜疑，要以信任之心对待同学；莫妒恨，要以容忍之心待同学；莫小气，要以宽容之心待同学。只有如此，你才会有个好人缘，才能受到更多同学的欢迎。

⑤ 分享让朋友加倍，令对手减半

时间已做了选择，什么人叫做朋友

偶而碰头心情却能一点就通

因为我们曾有过

太多感受绝非三言两语能形容

太多决定需要我们去选择

担心会犯错，难免会受挫

幸好一路上有你陪我

与你分享的快乐胜过独自拥有

好友如同一扇窗

能让视野不同

与你分享的快乐胜过独自拥有

——《分享》伍思凯

心里给别人留一个位置

克里斯娜是西雅图一家快餐店的服务员。这几天，她的心态很糟糕，因为她失恋了。

下午的时候，快餐店里进来了一个小男孩，浑身脏兮兮的，一看便知是大街上那种随处可见的流浪儿。小男孩径直走向克里斯娜："我想要一杯冰激凌。"

"巧克力味的十美分一杯，还要点别的甜点吗。"克里斯娜头也没抬，神情沮丧地想着心事。

"哦，一杯冰激凌就够了。"小男孩羞涩地接着问道，"还有没有比这更便宜些的？"

"好吧，浆果味的八美分一杯，这是最便宜的了。"克里斯娜有些反感，随后懒懒地端上了一杯冰激凌。

小男孩满心欢喜地享用着他的冰激凌，克里斯娜仍然沉浸在失恋的痛苦中不能自拔。

小男孩离开快餐店后，克里斯娜去收拾他刚刚坐过的桌子上的东西时，发现在桌上放着两美分硬币，硬币下面压着一张纸条。克里斯娜展开纸条，一行稚嫩的字迹映入眼帘："姐姐，谢谢你早上对我的帮助，这两美分是我给你的小费，我要把这份温暖与你分享。祝你快乐！"

克里斯娜的眼圈突然红了，原来她早上上班的时候，在快餐店附近看到了一个行乞的小男孩，便就势将手里的零钱投到了他的盒子里。而这个小男孩本来可以买一杯十美分的巧克力味冰激凌，但他为了留出给自己的小费，却宁愿选择便宜的冰激凌。

克里斯娜的心温暖起来。因为这是她所见到的最具风度的绅士襟怀。从此，她再也没有见过那个小男孩，但他纯真的举动却让她感动至深。

成长启迪！

　　心里给别人留一个位置，也就是为自己蕴蓄了一泓温情的清泉。有朝一日，泉水一旦喷涌，这份感动便会激昂澎湃，带给你的力量将经久不息。男孩将自己能享受冰激凌的快乐分出了"两美分"给克里斯娜，克里斯娜也因此重拾快乐。而克里斯娜之所以得到快乐，正是因为她之前将零钱给了男孩，使男孩得到快乐。可见，分享令快乐循环。对于分享的道理，我们也许不是很明白，但在生活中一定能够感受到与人分享的重要性。例如，有时你的心里有高兴、快乐的事，希望能和好朋友一起分享这份喜悦；当别人取得了成绩或荣誉，你也渴望能和他们一起分享。分享是人人都渴望的，它能使一份快乐变成两份、三份，甚至许多份快乐。

智慧心语：

　　快乐不是件奇怪的东西，绝不因为你分给了别人而减少。有时你分给别人的越多，自己得到的也越多。

——古龙

重视别人

纽约电话公司曾就电话对话做过一项调查，欲统计在现实生活中哪个字的使用频率最高。在500个电话对话中，"我"这个字使用了大约3950次。这说明，不管你是什么人，不管你实际状况如何，你在内心中都是非常重视自己的。

有个业务员曾说过这样一个例子。他的工作是为强生公司拉代销商。代销商中有一家是药品杂货店。每次他到这家店里去的时候，总要先跟柜台后卖饮料的营业员寒暄几句，然后才去见店主。有一天，他到这家商店去，店主突然告诉他今后不用再来了。店主说自己的店不想再卖强生公司的产品了。这个业务员只好离开商店。他开着车子在镇子上转了好久，最后决定再回到店里，把情况说清楚。

走进店里的时候，他照常和柜台后的营业员打过招呼，然后再到里面去见店主。店主见到他很高兴，笑着欢迎他回来，并且比平常多订了一倍的货。

这个业务员对此十分惊讶，不明白自己离开店后发生了什么事。店主指着柜台后卖饮料的男孩说："在你离开店铺以后，卖饮料的男孩走过来告诉我，说你是到店里来的推销员中唯一会同他打招呼的人。他告诉我，如果有什么人值得我跟他做生意的话，这个人就应该是你。"从此，这家店的店主成了这个推销员最好的代销商。

后来，推销员对身边的每一个人说："我永远不会忘记，关心、重视每一个人是我们必须具备的特质。"

关心别人，重视别人，必须具备高尚的情操和磊落的胸怀。当你用诚挚的心，使对方在情感上感到温暖和愉悦，在精神上得到充实和满足，你就会获得一种美好、和谐的人际关系，你也就会拥有更多的朋友。

智慧心语：

单个的人是软弱无力的，就像漂流的鲁宾逊一样，只有同别人在一起，他才能完成许多事业。

——叔本华

让周围的一切变得更好

一天，女儿满腹牢骚地向父亲抱怨生活的艰难。

父亲是一位著名的厨师。他平静地听完女儿的抱怨后，微微一笑，把女儿带进了厨房。父亲往三只同样大小的锅里倒进了一样多的水，然后将一根大大的胡萝卜放进了第一只锅里，将一个鸡蛋放进了第二只锅里，又将一把咖啡豆放进了第三只锅里。最后，他把三只锅放到火力一样大的三个炉子上烧。

女儿站在一边，疑惑地望着父亲，弄不清他的用意。

20分钟后，父亲关掉了火，让女儿拿来两个盘子和一个杯子。父亲将煮好的胡萝卜和鸡蛋分别放进了两个盘子里，然后将咖啡豆煮出的咖啡倒进了杯子。他指着盘子和杯子问女儿："孩子，说说看，你见到了什么？"

女儿回答说："还能有什么，当然是胡萝卜、鸡蛋和咖啡了。"

父亲说："你不妨碰碰它们，看看有什么变化。"

女儿拿起一把叉子碰了碰胡萝卜，发现胡萝卜已经变得很软。她又拿起鸡蛋，感觉到了蛋壳的坚硬。她在桌子上把蛋壳敲破，仔细地用手摸了摸里面的蛋白。然后她又端起杯子，喝了一口里面的咖啡。做完这些以后，女儿开始回答父亲的问题："第一个盘子里是一根已经变得很软的胡萝卜；第二个盘子里是一个壳很硬、蛋白已经凝固了的鸡蛋；杯子里则是香味浓郁、口感很好的咖啡。"说完，她又不解地问父亲："亲爱的爸爸，您为什么要问我这么简单的问题？"

父亲严肃地看着女儿说："你看见的这三样东西是在一样大的锅里、一样多的水里、一样大的火上和用一样多的时间煮过的。可它们呈现出的样子却迥然不同。胡萝卜生的时候是硬的，煮完后却变得那么软，甚至都快烂了；生鸡蛋是那样的脆弱，蛋壳一碰就会碎，可是煮过后连蛋白都变硬了；咖啡豆没煮之前也是很硬的，虽然煮了一会儿它就变软了，但它的香气和味道却溶进水里，变成了可口的咖啡。"

父亲说完之后，接着问女儿："你像它们之中的哪一个？"

现在，女儿更是有些摸不着头脑了，只是怔怔地看着父亲，不知如何回答。

父亲接着说："我想问你的是，面对生活的煎熬，你是像胡萝卜那样变得软弱无力？还是像鸡蛋那样变硬变强？亦或像一把咖啡豆，身受损而不堕其志，无论环境多么恶劣，都向四周散发出香气，用美好的感情感染周围所有的人？依我看来，你应该成为生活道路上的强者，让你自己和周围的一切变得更好、更漂亮、更有意义才对。"

成长启迪：

人类的心很小，位于胸腔左侧，仅相当于一个拳头；人类的心很大，摒弃冷漠自私，万事万物便可在其中容下。拯救我们被禁锢的心灵，放宽我们的心胸，不要再为琐事烦恼，不要再计较人生的得失。成为一颗小小的咖啡豆，予人芬芳和快乐，同样也能换回他人的赞美，何乐而不为？心怀他人，把你的光热和美好奉献给他人，是最美好的待人处事方式。

智慧心语：

生命的意义在于付出，在于给予，而不是在于接受，也不是在于争取。

——巴金

遗失的斧头

　　农夫甲和农夫乙忙完了田里的工作，一起回家。他们走在路上，农夫甲忽然发现地上有一把斧头，就跑过去捡起那把斧头。他看了看斧头，觉得还很新，就想带回家占为己有。

　　农夫乙看到这把斧头则说："我们发现了一把斧头。"

　　农夫甲认为这把斧头是他发现的，应该归他所有，就对农夫乙说："你刚才说错了，你不应该说'我们发现'。因为这是我先看见的，所以你应该改口说'你发现了一把斧头'才对。"

　　他们两个继续往前走，农夫甲的手上仍然拿着那把捡到的斧头。过了一会儿，遗失这把斧头的人走了过来，远远地看见农夫甲的手上拿着自己的斧头，就匆匆忙忙地追上来。眼看对方就要追上来了，这时候，农夫甲紧张地看了农夫乙一眼，然后说："怎么办？这下子我们就要被他捉到了。"

　　农夫乙听他这么一说，知道农夫甲想把责任归咎到两个人的身上。于是，农夫乙就很严肃地对农夫甲说："你说错了，刚才你说斧头是你发现的，现在人家追来了，你就应该说'我快被他捉到了'，而不是说'我们快被他捉到了'。"

当我们呱呱坠地时，都将会面对一个充满诱惑的世界，在这个复杂的世界中如何生活，确实是一门学问。于是，生活的学问产生了，它告诉我们：只想占便宜的人，不会得到别人的帮助。朋友之间，一旦不愿让对方分享你的成就，就不能要求对方帮你分摊痛苦，这就是所谓的"己所不欲，勿施于人"。

智慧心语：

世界上没有便宜的事，谁想占便宜谁就会吃亏。

——徐特立

攒下你遇到的铁钉

有一对以拾破烂为生的兄弟，他们天天都盼着能够发大财。最终，上帝竟因为他俩每一个梦都与发财有关而大受感动，决定给他们一次发财的机会。

一天，兄弟俩照旧从家里出发，沿着街道一起向前走去。但是，今天，这条偌大的街道仿佛被人进行了一次大扫除，连平日里最微小的破破烂烂都不见了踪影，仅剩的就是一根根一寸长的小铁钉。

老大看到路上的铁钉，便把它们一个一个地捡了起来。

老二却对老大的行为不屑一顾，并且说："三两个小铁钉能值几个钱？"而老大并不嫌弃铁钉的渺小，一个个地捡着。走到了街尾，老大差不多捡到了满满一袋子的铁钉。

看到老大的成绩，老二好像若有所悟，也打算学老大那样捡一些铁钉。不管多少，最起码也能卖点钱，于是他便回头再去找。可是，等他回头看的时候，来时路上的小铁钉却一个都没有了，全被老大捡光了。

老二心想：没关系，反正几个铁钉也卖不了多少钱，老大的那一袋，可能连三美元都卖不到，所以也就不觉得可惜。

于是，兄弟两个继续再向前走。没多久，兄弟俩几乎同时发现街尾新开了一家收购店，门口挂着一块牌子，上面写道：本店急收一寸长的旧铁钉，一元一枚。老二后悔得捶胸顿足。老大则用小铁钉换回了一大笔钱。

店主走近站在街上发愣的老二，问道："孩子，同一条路上，难道你就一个铁钉也没看到？"

老二很沮丧："我看到了啊。可那小铁钉并不起眼，我更没想到它竟然这么值钱，等我知道它很有用时，那些可恶的家伙却全部消失了。"

成长启迪：

　　无论金钱还是智慧，无论是爱情还是命运，都是在一点一滴的经营下建立起来的，因为有了前期的积累，才会有后来的分享。不要老认为一点点小事情不值得去做去经营，当不值得的东西分享出来，总会遇到需要它的人，这样它的价值就体现了出来。让自己低下头来吧，不要再为大利大惠的诱惑而高昂你的头。只有俯身做好你能做的事，与别人共同承担辛苦与劳累，你才能有所收获，要知道，与人携手劳作，收获才有你的一份。

智慧心语：

独学而无友，则孤陋而寡闻。

——孔子

让善意不再尴尬

故事发生在加拿大魁北克省的一个小城。

一个风雪飘飞的傍晚，鲁尼兹小心翼翼地驾车赶往医院，看望因高烧住院的儿子。车开出不远，鲁尼兹便看到在前边不远处有一个蹒跚的身影在晃动。鲁尼兹想都没想，就把车子缓缓地停在那个身影旁边。

"请问，需要我的帮忙吗？"他探出头大声问道。

那是一位老者，坐上鲁尼兹的车之后，他说前面不远处的农场就是自己的家，他上午出来办事，没有想到回来时，公共汽车因雪大而停运了，他只好徒步走回去。

主动搭载别人，对鲁尼兹来说是再寻常不过的一件事了，可他没有想到，这一次的善举却非比寻常。

车在一条长长的斜坡上滑行，迎面有一辆轿车摇摇晃晃地驶了过来。为了避开来车，鲁尼兹下意识地踩了刹车。然而，意想不到的事情发生了，因急刹车和雪地路滑，整个车身不听使唤，向路边一棵大树撞去……

等鲁尼兹醒来，他已经躺在医院里。所幸，他只是断了两根肋骨，而搭车老人做了开颅手术，还在昏迷中。

老人的家人来到病房，很友好地握了握鲁尼兹的手，感谢他对老人的帮助。即便如此，老人的家人请来的律师还是如期而至。按照当地的法律，鲁尼兹要为自己的过失负责，承担老人百分之七十的医疗费。

老人在昏睡了20多天后，奇迹般地醒过来了。谁也没有想到，老人清醒后说的第一句话竟是："要感恩，不要赔偿，善意都是美好的，不要伤了好人的心。"老人的肺腑之言在人们心里引起了共鸣。小城被感动了，人们纷纷走上街头，打着"让善意不再尴尬"、"拯救爱心"的条幅，为仁慈的老人募捐。一时间，爱心像空中飘飞的雪花纷至沓来，收到的善款之多，超出了人们的想象。更令人钦佩的是，老人把这些善款全部捐出来，成立了"爱心救助基金"，专门用来帮助那些因爱而遭遇尴尬的好心人。

多少年过去了，老人早已离开人世，但以老人名字命名的基金却像雪球一样越滚越多。在魁北克省举行的"最受爱戴的人们"评选活动中，人们纷纷写上老人的名字——卢森斯。

成长启迪：

　　爱原本就是喜悦的关怀和无求的付出，当爱心遭遇法律的碰撞，善意被扭曲时，是老人还原了善意的本来模样，让人们可以毫无戒备地去爱。再没有什么比生活在和谐有情的社会更能让人愉悦和欢欣的了。

　　每一颗爱心都是真诚的，都应该得到尊重和赞赏；每一个善意都是美丽的，都应该馥郁芬芳。

智慧心语：

希望被人爱的人，首先要爱别人，同时要使自己可爱。

——富兰克林

给予与付出

　　一个犹太人的孤儿院遭到了飞机的袭击，一颗炸弹被扔进了这个孤儿院，几个孩子和一位工作人员被当场炸死，还有几个孩子受了伤。其中，有一个小女孩伤得很重，伤口在不停地流血。

　　然而，庆幸的是，没过多久，一个外国援助医疗小组来到了这里。小组只有两个人，一个女医生和一个女护士。

　　女医生马上对那个女孩进行抢救，但在救援的过程中出了一点麻烦，因为小女孩失血过多，需要输血，但是医疗小组带来的不多的医疗用品中没有可供使用的血浆。于是，医生把注意力放在了在场的人身上，她给所有的人验了血，终于发现有几个孩子的血型和这个小女孩是一样的。可是，又一个麻烦出现了，那就是这个医生和护士都不懂本地区的语言，而在场的孤儿院工作人员和孩子们只听得懂母语。

　　无奈之下，女医生只好用自己会的当地母语加上一大堆的手势告诉那几个孩子："你们的朋友伤得很重，她流了很多血，需要血，而你们的血型与她的吻合，你们愿意给她献血吗？"孩子们呆呆地站在那儿，好像明白了她的意思，但眼里却藏着一丝恐惧。

　　他们没有人吭声，没有人举手表示自己愿意献血。这一切出乎女医生的意料，她一下子愣在了那儿，没了主意。为什么他们不肯献血来救自己的朋友呢？难道这些孩子没有听懂我的话吗？

　　忽然，一个孩子慢慢地举起了他的小手，但是刚刚举到一半却又放下了，好一会儿，他又举了起来，再也没有放下。

　　医生很高兴，马上把小男孩带到里屋，让他躺在床上。小男孩僵直着躺在床上，看着自己细小的胳膊被针管慢慢地插入，看着自己的血液一点点的被抽走，眼泪忍不住顺着脸颊流了下来。见此情形，女医生慌了，忙问他是不是感到很疼，他摇了摇头，但眼泪还是一个劲地往下流。医生开始感到手足无措，因为她总觉得有什么地方做得不对，但是问题出在哪儿

呢？关键时候，一个当地的护士赶到了这个孤儿院。女医生把情况告诉了这个地方护士。地方的护士忙来到孩子身边，俯下身子和孩子交谈了一下。不久后，孩子竟然破涕为笑。

原来，那些孩子都误解了女医生的话，以为要救那个小女孩就必须抽光身上的血。一想到过不了多久自己就会死去，所以小男孩才哭了出来。医生终于明白为什么刚才没有人自愿出来献血了。但她还是有一点搞不懂。

"既然以为献过血之后就要死了，为什么他还自愿出来献血呢？"医生问那个地方的护士。

于是护士用母语问了一下小男孩，小男孩没有丝毫犹豫，回答得很干脆："因为她是我最好的朋友。"

就这一句简单的回答，感动了在场所有的人。

成长启迪：

付出、给予，这是我们立身成人之本。我们懂得付出，就永远有可以付出的资本；我们贪图索取，就永远有必须索取的企求。付出越多，收获越大；索取越多，收获越少。

当你看到别人有困难时，伸出手，给别人以帮助，哪怕是微不足道的微薄之力，也许就能为自己赢得朋友，赢得友谊。任何事都有一定的收支，你付出了多少，才会收获多少，付出时不一定痛苦，收获时却一定快乐。

智慧心语：

生命的意义在于付出、在于给予，而不是在于接受，也不是在于争取。

——巴金

119

天堂和地狱

有句名言是这么说的："天堂和地狱只有一步之遥！"

一位一生行善无数的基督徒，在他临终前，有一位天使特地下凡来接引他上天堂。天使说："大善人，由于你一生行善，成就很大的功德，因此在你临终前，我可以答应你，完成一个你最想完成的愿望。"

大善人说："神圣的天使，谢谢你这么仁慈。我一生当中最大的遗憾就是：我信奉主一生，却从来没见过天堂与地狱究竟是什么样子？在我死之前，您可不可以带我到这两个地方参观参观？"

天使说："没问题，因为你即将上天堂，因此我先带你到地狱去吧。"大善人跟随天使来到了地狱，在他们面前出现一张很大的餐桌，桌上摆满了丰盛的佳肴。

"地狱的生活看起来还不错嘛！没有想象中的悲惨嘛！"大善人很疑惑地问天使。

"不用急，你再继续看下去。"

过了一会，用餐的时间到了，只见一群瘦骨如柴的饿鬼鱼贯地入座。每个人手上拿着一双长十几尺的筷子。每个人用尽了各种方法，尝试用他们手中的筷子去夹菜吃。可是由于筷子实在是太长了，最后每个人都吃不到东西。

"实在是太悲惨了，怎么可以这样对待这些人呢？给他们食物的诱惑，却又不给他们吃。"

"你真觉得很悲惨吗？我再带你到天堂看看。"到了天堂，同样的情景，同样的满桌佳肴，每个人同样用一双长十几尺的筷子。不同的是，围着餐桌吃饭的是一群满脸欢笑、长得白白胖胖的人。他们同样用筷子夹菜，但他们喂对面的人吃菜，而对方也喂他们吃。因此，每个人都吃得很愉快。

一成长启迪：

　　天堂与地狱的区别在哪里？其实就是一个彼此互爱互助与否的区别，懂得爱别人，帮助别人，就能让你生活在天堂。难怪人们会说："天堂与地狱只有一步之遥！"这句话一点都不假。但是生活中，由于人们彼此之间的不相让，只顾自己，不顾别人，不会奉献爱，更不会分享，所以没有了友谊，没有了温情，也使我们失去了很多本该属于我们的东西！

智慧心语：

一朵鲜花打扮不出美丽的春天，众人先进才能移山填海。

——雷锋

螃蟹和蚂蚁

生活在海边的人常常会看到这样一种有趣的现象：几只螃蟹从海里游到岸边，其中一只也许是想到岸上体验一下水族以外世界的生活滋味，只见它努力地往堤岸上爬，可无论它怎样执著、坚毅，却始终爬不到岸上去。这倒不是因为这只螃蟹不会选择路线，也不是因为它动作笨拙，而是它的同伴们不容许它爬上去。

你看，每当那只企图爬离水面的螃蟹就要爬上堤岸的时候，别的螃蟹就会争相拖住它的后腿，把它重新拖回到海里。人们也偶尔会看到一些爬上岸的海螃蟹，但不用说，这些海螃蟹一定是单独行动才上来的。

在南美洲的草原上，有一种动物却演绎出迥然不同的故事：酷热的天气，山坡上的草丛突然起火，无数蚂蚁被熊熊大火逼得节节后退，火的包围圈越来越小，渐渐地，蚂蚁似乎无路可走。然而，就在这时，出人意料的事发生了：蚂蚁们迅速聚拢起来，紧紧地抱成一团，很快就滚成一个黑糊糊的大蚁球，蚁球滚动着冲向火海。尽管蚁球很快就被烧成了火球，在"噼噼啪啪"的响声中，一些居于火球外围的蚂蚁被烧死了，但更多的蚂蚁却绝处逢生。

这两则关于动物之间团队合作的故事相映成趣，说明了一个道理：掣肘，易事难为；携手，难事可成。

螃蟹的"拖后腿"，多么像人类中某些人的做法，由嫉妒心和一己之私作祟，他们惧怕竞争，甚至憎恨竞争，一旦看到别人比自己强，就拆台阶、下绊子，千方百计竭尽倾轧之能事。于是，有多少发明创造的才智，就这样在无声中被内耗掉；有多少贤能，就这样被埋没在默默无闻之境；有多少"千里马"就这样病死于马槽之间。

蚂蚁的"抱成团"却与此大相径庭，这一抱，是命运的抗争和力量的凝聚，是以团结协作的手段，为共渡难关、获求新生所做出的必要努力。无此一抱，蚂蚁们必将全部葬身于火海；精诚团结则使它们的群体得以延续。

智慧心语：

人们在一起可以做出单独一个人所不能做出的事业；智慧+双手+力量结合在一起，几乎是万能的。

——韦伯斯特

快乐需要分享

一位犹太教的长老，酷爱打高尔夫球。在一个安息日，他觉得手痒，很想去挥杆，但犹太教规定，信徒在安息日必须休息，甚么事都不能做。

这位长老终于忍不住，决定偷偷去高尔夫球场，想着打九个洞就好了。

由于安息日的缘故，犹太教徒都不会出门，球场上一个人也没有，因此长老觉得不会有人知道他违反规定。

然而，当长老在打第二洞时，却被天使发现了。天使生气地到上帝面前告状，说某某长老不守教义，居然在安息日出门打高尔夫球。

上帝听了，就跟天使说，会好好惩罚这个长老。

从打第三个洞开始，长老打出超完美的成绩，以后几乎都是一杆进洞。

长老兴奋莫名，到打第七个洞时，天使又跑去找上帝：上帝呀，你不是要惩罚长老吗？为何还不见有惩罚？

上帝说：我已经在惩罚他了。

直到打完第九个洞，长老都是一杆进洞。因为打得太神乎其技了，于是，长老决定再打九个洞。

天使又去找上帝了：到底惩罚在哪里？

上帝只是笑而不答。

打完十八个洞，长老的成绩比任何一位世界级的高尔夫球手都优秀，把他乐坏了。

天使很生气地问上帝：这就是你对长老的惩罚吗？

上帝说：正是，你想想，他有这么惊人的成绩，以及兴奋的心情，却不能跟任何人说，这不是最好的惩罚吗？

生活需要伴侣，快乐和痛苦都要有人分享。没有分享的人生，无论你面对的是快乐还是痛苦，都是一种惩罚。

学会分享的人，一定是幸福的人，是快乐的人。我们任何一个人都不是单纯的个体，都不能脱离他人而独自生存。一个会尊重他人，并乐于向他人献出爱心的人，他才一定会得到同等的尊重和更多爱的回报。而一个不能同别人分享的人，他永远没有朋友，永远面对孤独，生活又怎么能快乐呢？

智慧心语：

人只有献身社会，才能找出那实际上是短暂而有风险的生命的意义。

——爱因斯坦

花季密语 不合群该怎么办

秦丽是一个正读高二的女生，现在的她总有一种孤立无援的感觉，因为她性格孤僻，向来不合群。秦丽在班里的状况很惨，与同学在一起时总觉得很别扭，跟他们没有共同语言，也对他们的话题不感兴趣。看见别人说说笑笑，无所不谈，而她总是一言不发，心里感觉备受煎熬。

久而久之，秦丽便讨厌甚至惧怕与同学在一起。这样一来，更加剧了她的孤独感。然而，秦丽在家里不是这样子的，父母对她百依百从，她也并不是一个孤僻的孩子。可是，她一到学校就判若两人。有很多次，秦丽甚至有了休学的念头，学校气氛太压抑了，她实在不想待在学校里。为此，秦丽感觉非常无助。

那么，秦丽该怎么做才能走出"不合群"的烦恼呢？

✳ 学会关心别人

友情是在相互关爱中生长的。孟子说得好：爱人者，人恒爱之。你若能学会关心别人，主动伸出善意的手，你的手马上就会被无数友情的手握住。不合群的人，大多表现为对事物冷淡，对别人漠然以及对语言沟通功能的忽视，这种交际中的不参与、不介入、不表达等行为，怎能不让你遭遇不合群的尴尬呢？

✳ 正确评价自己

正确评价自己，有利于弄清你不合群的症结所在。在人际交往中，对自己的认识越正确，你的行为表现就越得体，结果也就越能获得别人肯定的评价。只有挖出病根，对症下药，才能根治"不合群"这一痼疾。从秦丽的境遇中不难看出，她不合群的原因是因为性格内向、孤僻。正确认识、看待自己这些不足并加以克服，相信她很快会从"不合群"的处境中走出来的。

✲ 有了困难要勇于向别人求助

不合群的人一旦遇到困难，总是顾虑重重，很少主动向别人求助，这是不妥的。勇于向别人求助，也是帮你走出"不合群"处境的有效方法。由于别人帮助你克服了困难，你的心理自然就会从紧张转为轻松，这不但使你懂得了人与人交往的重要性，而且因为你的诚挚致谢，别人也会感到愉快，这就加强了人际之间的情感交流。

✲ 学会和别人交换意见

合群性格的形成有赖于良好的人际关系，而良好的人际关系肇始于人与人相互间的了解；人与人之间的相互了解，又要靠彼此在思想上、态度上的沟通。所以，经常找机会与别人谈话聊天，讨论某些问题，交换一些意见，是很有必要的。

✲ 积极主动地参加各种活动

积极主动地参加校内外各种活动，是让你走出自我封闭怪圈、树立良好交际心态的有效途径之一。要知道，与别人接触的过程本身就是将自己融入群体的过程。相信谁也不会喜欢一个整天板着苦瓜脸、一言不发或者词不达意的同学的。不合群的同学可以积极参加课外文体活动，如打球、办黑板报、玩课间小游戏，等等。时间一长，你便会发现自己在很多场合都会成为受欢迎的人。

✲ 掌握一些交际技能

若你在与人交往时总是失败，由此而引起的消极情绪当然会影响你的交际心理。因此，多学习一些交际技能有助于交往的成功。此外，还可以遵循"从亲到疏，从近到远"的原则试着与人相处，即从熟人到生人，从家里到家外，从不了解到了解。循序渐进，逐步适应，一旦掌握了同亲人、熟人和睦相处的方式方法，那么跟同学相处也就容易了。

6 敢于负责，
赢得他人的欣赏

龙在风雨中

他攀得高山跨得深海他是勇

全为心里有梦追某个梦

不惊身边风浪汹涌

龙在风雨中

多艰辛担当得起即使天地重

全赖兄与弟姊与妹敢想敢讲敢做敢勇

——《兄弟姐妹》刘德华

坚定的责任心

卡菲瑞先生曾经是美国西雅图一所公立小学的老师。晚年时，他曾经写过一篇故事，回忆自己教过的一位小男孩：

1965年，卡菲瑞先生在西雅图景岭学校图书馆担任管理员。一天，有同事推荐一个四年级学生来图书馆帮忙，并说这个孩子聪颖好学。

不久，一个瘦小的男孩来了。卡菲瑞先生先给他讲了图书分类法，然后让他把已归还图书馆、却放错了位的图书放回原处。

小男孩问："像是当侦探吗？"

卡菲瑞先生回答："那当然。"

然后，便是小男孩不遗余力地在书架的迷宫中穿来插去。午休时，小男孩已找出了三本放错地方的图书。

第二天，小男孩来得更早，而且更加投入地寻找错放书籍。干完一天的活后，他正式请求卡菲瑞先生让他担任图书管理员。又过两个星期，他突然邀请卡菲瑞先生到他家做客。吃晚餐时，男孩的母亲告诉卡菲瑞先生，他们要搬家了，到附近一个住宅区，男孩也即将转校。

小男孩听说即将转校，心里很是担心："我要是走了，谁来整理那些站错队的书呢？我不能扔下这些书不管。"

卡菲瑞先生一直记挂着这个对工作很负责的小男孩，回想起他的那句话，卡菲瑞想，那只不过是一个孩子的感叹罢了。但没想到的是，没过多久，小男孩又在卡菲瑞先生的图书馆门口出现了。原来，小男孩为了履行他的诺言、继续他的工作，他已经说服妈妈把他转回这边来上学，由他爸爸用车接送他上下学。

"如果爸爸不带我，我就走路来，因为让那些站错队的书归队是我的责任。"他天真地说。

卡菲瑞先生为此很感动，认为这小家伙责任心如此坚定，将来肯定能有大作为。但卡菲瑞先生做梦也没想到，这个小男孩长大后竟然会成为信

息时代的天才、微软电脑公司大亨、美国首富——他就是比尔·盖茨。

成长启迪！

责任就是对别人和自己的言行负责，它能使我们约束自己，完善自己所必需的品质，最终站到成功人士的队列中来。

是一颗小小的责任心让年少的比尔·盖茨一直记挂着那些"站错队的书"，记着自己的那句承诺，并且最终回到了那所学校读书。从比尔·盖茨对待图书馆工作这样的小事，就已经表现出一种超乎同龄人的负责精神——也许这也是他日后能取得卓越成就的一个原因。

一个人缺乏对责任的守诚，不仅是对自身责任的一种懈怠，还是对其他人的不负责。所以，任何一个人都应该对自己的言行负责，这是做人的基本准则。有了责任心，你才能获得别人的信任，得到他人的青睐和协助，成就一番不朽的事业。

智慧心语：

一个人若是没有热情，他将一事无成，而热情的基点正是责任心。

——托尔斯泰

胡雪岩的人脉秘诀

　　红顶商人胡雪岩几乎成为国人家喻户晓的人物，他最初不过是一个钱庄的学徒、跑街的伙计。然而，他凭着自己一手建立的"人脉"，入商圈之后，借助官府势力，以开钱庄起家，层层托靠，左右逢源，周旋于官府势力、漕帮首领、洋商买办之间，开丝行、办药店、设典当、贩运粮食、买卖军火。不过数年间，便成为驰骋十里洋场，能在上海这一中国近代金融贸易中心中呼风唤雨的富商大贾，并成为中国历史上第一个与外国银行开展金融业务往来的人。

　　然而，胡雪岩的成就不是天上掉下来的。在兵荒马乱的年代，即使是投靠官府，有时候也需要冒巨大的风险，甚至需要冒生命的危险。

　　当太平军围困杭州的时候，胡雪岩已经身受重伤。按照常规，伤筋动骨一百天，他至少也得休养一两个月，但是，他深感自己肩负使命——杭州城几十万人需要他筹备粮食。也就是说，几十万人的生命掌握在他的手里。

　　当时，由于被围困时间超过40天，杭州城内已经出现人吃人的现象。如果胡雪岩多耽误一天，就会多饿死上万人。他只休息了两天，就从床上爬起来，马上投入到筹备粮食的活动之中。最后，由于种种原因，筹集到的粮食并没有送到杭州城清军守城将士的手中，胡雪岩不得已又将粮食运到宁波。最后，他累得一病不起，差点丢了性命。所以，胡雪岩真的算是一个有使命感的人。他的成功绝非偶然，能赢得官府的信任，能得到百姓的拥戴，能得到他人首肯，是他用辛苦、真诚及责任心一手换来的。

胡雪岩是一个商人，他有一套实用的人脉观点。朋友关系的维系，最好的办法是能够给双方带来好处和利益。不过，虽说胡雪岩这个人讲究实际利益，一派商人作风，但却不妨碍他有一颗责任心，为了天下百姓不惜牺牲自己。这份用心就足以令他得到别人的爱戴，得到他人的拥护，继而得到好的人脉关系。

智慧心语：

爱，就是在别人的需要中看到自己肩负的责任。

——裴宏

为自己的过失负责

1920 年，美国有一个 11 岁的小男孩，同伙伴们正热火朝天地踢足球。他猛地飞起一脚，球似出镗的炮弹射出场外，只听"叭嚓"一声，球击碎了一户人家的窗玻璃。户主是一位七十多岁的老太太，她从屋里出来，怒气冲冲地问是谁干的。小男孩老老实实低头承认错误，说是自己踢足球不小心打碎了她家的玻璃，请老太太宽恕他。

可是，老太太怎么也不肯原谅他，向小男孩索赔 1.25 美金，小男孩委屈地哭了。要知道，1.25 美金在当时可不是个小数目，这笔钱能买 125 只母鸡。

闯下大祸的小男孩，回家向父亲一五一十地说了这件事。父亲板着脸想了半天才说："家里有钱，但是，不能给你，你应该对自己的过失行为负责。"

小男孩难为情地说："爸，我知道错了，可是我没有钱赔人家，怎么办呢？"父亲掏出钱，严肃地说："这 1.25 美元我借给你，不过，一年以后你必须还我。"

从此，小男孩边刻苦读书，边抽空打工挣钱。他人小力弱，干不了重活，就到餐馆洗盘刷碗，天天忙碌到深更半夜。不知洗了多少堆积如山的盘子和碗，不知流了多少汗水，经过半年的苦干，他终于挣足了那笔钱，自豪地交到父亲的手里。父亲欣喜地拍着他的脑袋说："一个能为自身过失负责的人，将来是会有出息的。"

小男孩就是后来的美国总统里根。他在回忆这件往事时，深有感触地说："通过用自己的劳动来承担过失，我懂得了什么叫责任。"

在校园生活中，凡事推卸责任、找人代过的人，我们是敬而远之的，更别说委以重任。而那些勇于承担责任，为自己的言行负责的人，不仅会赢得别人的尊重和信任，更是锻炼了自己的意志，增强了自身的能力。

成长启迪！

智慧心语：

要使一个人显示他的本质，叫他承担一种责任是最有效的办法。

——毛姆

成功就是对自己负责

有一个小男孩，在很小的时候就经历了父母离异，跟着母亲生活。因为生活拮据，他们一家5口挤在一间四面漏风的木板房里，睡的是"上下铺"的高低床，过的是把豉油捞饭当做天下最好美食的生活。小男孩长相一般，寡言孤僻，小伙伴们都觉得他又脏又不好看，都不愿跟他在一起玩。上学后，小男孩更是受到同学的奚落和羞辱，被人称为"没有父亲的野孩子"。他曾经自认为是这个世界上最不幸的人。

读书时，他非常顽皮，好动、贪玩，成绩也一直不好。为此，每次的家长会，他的母亲必被请到老师办公室谈话。

他对拳击和武术有着狂热的兴趣，每场相关的比赛必看。在小的时候，他练得最多的就是咏春拳和铁砂掌，后来还偷偷练过泰拳。他最喜欢李小龙自创的"截拳道"。那时，他几乎每天都勤练功夫，甚至还与其他小孩打架比试，以切磋武艺。为此，他没少受到母亲的责骂。他曾经渴望做一名像李小龙那样的功夫高手，但却因体质较弱，最终没能被体校选中。

他的第一份工作是在一个公司做助理，但因种种原因，他没能继续在那家公司任职。后来，他在茶楼当过跑堂，在电子厂当过工人，但结果都未能长久。

1983年，他从香港无线的练习班结业，成为无线艺员。同年被选派到儿童节目"430穿梭机"当主持人，一做就是4年。当时，有记者写过这样一篇报道，说他只适合做儿童节目的主持人。他把这篇报道贴在床头最为醒目的位置，时时提醒和勉励自己：握紧拳头，一定要创出一番像样的事业，让别人对自己刮目相看！

从此，他充分发挥自己的潜能，痴迷上了演艺事业。从早期的跑龙套开始，他一步一步地迈进了影视圈。但是，在繁星璀璨的香港影视圈，他只能扮演一些名不见经传的小配角，勉强混个盒饭。对待失败，他从没有选择放弃，也不去和别人攀比。他在日记中写道：一步一个脚印，努力地

做好自己！

他曾有这样一个真实的经历：在片场，他扮演一具死尸，大火烧身，在导演没有喊停时，他一直强忍剧痛。这种近乎残酷的坚毅表演，使他在圈内逐渐有了名气。继而，他独辟蹊径，赋予自己扮演的角色以幽默俏皮的风格。正是这看似荒诞不经的"无厘头"表演，以及那种小人物的市侩和富有正义的矛盾对立，使他开辟了喜剧表演的先河。

虽然，他最终没有成为李小龙那样的功夫高手，但他却用另一种观众喜闻乐见的艺术形式，成了一名最出色的喜剧演员，他的名字叫周星驰。20年前，他是被人呼来唤去的"星仔"，20年后，他的名字叫做"星爷"。

成长启迪！

成功的定义，有时候就是这么简单。像周星驰那样，无论身处什么岗位，都不在乎别人如何评价，更没有必要去和别人攀比。一个人的成功无关他的地位，关键是如何在平凡的岗位中，演绎好自己不平凡的角色。在人的一生中，不管是在做什么，都应该体现人最大的价值，这样的人生才有意义。有多大能力就尽多大责任。很多时候，成功就是对自己负责。而对自己负责的人，才更能得到别人的信赖，并吸引别人向自己靠拢。

智慧心语：

责任趋向于有能力担当的人。

——艾尔伯·哈柏德

137

有责任感的人才能擎起世界

第二次世界大战末期，美、英、加等反法西斯同盟国集结了近300万人的兵力，于1944年6月至7月在法国北部诺曼底地区进行了世界战争史上规模最大的战略性两栖登陆作战，目的是为盟国军队大规模登陆西欧、开辟欧洲第二战场、配合苏军在东线的进攻和最终击败纳粹德国创造条件。

盟军胜利在诺曼底登陆之后，指挥这场战役的最高统帅艾森豪威尔将军发表了讲话："我们已经胜利登陆，德军被打败，这是大家共同努力的结果，我向大家表示感谢和祝贺！"

可是谁也不知道，在登陆前，除了这份演讲稿外，艾森豪威尔还准备了另一份截然相反的讲话稿，那其实是一篇一旦登陆失败的演讲稿。内容同样简单，与胜利演讲稿相比却发人深省："我很悲伤地宣布，我们登陆失败了。这完全是我个人决策和指挥的失败，我愿意承担全部责任，并向所有的人道歉。"

两篇截然不同的演讲，让我们看到了一个叱咤风云的将军所显露出的大将风范。这风范的本质并非来源于艾森豪威尔将军一呼百应的权力，而是他伟大的人格魅力和宽广胸襟。胜利时，他将功劳归功于大家，这是一种谦虚豁达的胸怀；失败时，他却将责任揽在自己身上，这种在失败面前勇于承担责任的胸怀更值得世人敬佩。

艾森豪威尔由于在第二次世界大战中战功赫赫被晋升为陆军五星上将。1952年，他参加总统竞选，以压倒性胜利当选。民众将神圣的一票投给他的原因是，他们认为，"只有有责任感的人才能成为擎起世界的人"。

考验一个人灵魂的，并不是他在顺境与成功时说了什么或做了什么，而在于他在困难与失败面前是否敢于战胜虚荣与懦弱，勇敢地承担起责任。生活中，有时候需要勇气承担责任，而不是为自己辩解，人们更愿意宽容一个认错的人，而鄙视推诿与狡辩的人。

一个人责任感强不强，在一定程度上决定着他的人缘好不好。有责任感的人能给人以安全感和可信赖感，使人愿意与他交往。一个人如果对自己的言行负责，也会激发别人对他的责任感，久而久之，这种人自然会建立起良好而持久的人际关系。

智慧心语：

人生须知负责任的苦处，才能知道尽责任的乐趣。

——梁启超

139

责任感创造奇迹

几年前，美国著名心理学博士艾尔森对世界100名各个领域中的杰出人士做了问卷调查，结果让他十分惊讶——其中61名杰出人士承认，他们所从事的职业，并不是他们内心最喜欢做的，至少不是他们心目中最理想的。

这些杰出人士竟然在自己并不喜欢的领域里取得了那样辉煌的业绩，除了聪颖和勤奋之外，他们究竟靠的是什么呢？

带着这样的疑问，艾尔森博士又走访了多位商界英才。其中，纽约证券公司的金领丽人苏珊的经历，为艾尔森寻找满意的答案提供了有益的启示。

苏珊出身于中国台北的一个音乐世家，她从小就受到了很好的音乐启蒙教育，因而她非常喜欢音乐，期望自己的一生能够驰骋在音乐的广阔天地。但她阴差阳错地考进了大学的工商管理系。一向认真的她，尽管不喜欢这一专业，可还是学得格外刻苦，每学期各科成绩均是优异。毕业时，她被保送到美国麻省理工学院，攻读当时许多学生可望而不可及的MBA。后来，她又以优异的成绩拿到了经济管理专业的博士学位。

如今，她已是美国证券业的风云人物，在被调查时，她依然心存遗憾地说："老实说，至今为止，我仍不喜欢自己所从事的工作。如果能够让我重新选择，我会毫不犹豫地选择音乐。但我知道那只能是一个美好的'假如'了，我只能把手头的工作做好……"

艾尔森博士直截了当地问她："既然你不喜欢你的专业，为何你学得那么棒？既然不喜欢眼下的工作，为何你又做得那么优秀？"

苏珊的眼里闪着自信，十分明确地回答："因为我在那个位置上，那里有我应尽的职责，我必须认真对待。""不管喜欢不喜欢，那都是我自己必须面对的，都没有理由草草应付，都必须尽心尽力，尽职尽责，那不仅是对工作负责，也是对自己负责。有责任感可以创造奇迹。"

成长启迪！

因为种种原因，我们常常被安排到自己并不喜欢的领域，做并不理想的事，一时又无法更改。这时，任何的抱怨、消极、懈怠，都是不足取的。唯有把手上的事当做一种不可推卸的责任担在肩头，全身心地投入其中，才是正确与明智的选择。正是在这种"在其位，谋其政，尽其责，成其事"的高度责任感驱使下，有些人才获得人们的认可，获得了令人瞩目的成就。虽然我们还很年轻，但责任感依然是我们应具备的美德。有责任感的人，在未来才能担天下大事，成辉煌伟业，得世人倾心。

智慧心语：

世界上有许多事情必须做，但你不一定喜欢做，这就是责任的含义。

——马克思

社稷之臣

　　春秋时期，齐国的大臣崔杼和齐庄公为了一个女人而争风吃醋，最后竟杀了庄公。

　　宰相晏婴站在崔杼家的大门外，崔杼问他说："你难道要为君侯去殉死吗？"

　　晏婴说："君侯如果为社稷而死，那我就随着他去死；君侯如果为社稷而逃亡，那我也随着他去逃亡；君侯如果为自己而死，那么除非他的亲信，谁会随着他去死呢！"

　　晏婴的言外之意是说，齐庄公因为与崔杼争风吃醋而被杀，不是为社稷而死，所以自己也不值得去为他殉死。

　　可见，晏婴在齐国当宰相，把自己看做是国家的大臣，而不是国君的亲信，时时用国家大臣的标准来严格要求自己。

　　齐庄公被杀死以后，齐景公即位。不久，齐景公又任命晏婴为齐相。

　　有一次，齐相晏婴陪侍齐景公处理朝政。

　　这天的清晨，天气特别寒冷，冻得齐景公浑身发抖，手脚冰凉。

　　齐景公使唤晏婴说："相父，麻烦你帮寡人端碗热粥来。"

　　晏婴说："王上，臣是朝廷的大臣，而不是侍奉君侯饮食的臣仆，这不是我的职责！"

　　齐景公又使唤晏婴说："那请你把皮袄拿来给我披上。"

　　晏婴说："臣是齐国的大臣，而不是王上一个人的大臣，更不是管衣服、坐褥的臣仆，这也不是我的职责！"

　　齐景公见自己让他做一件事，晏婴就推辞一件事，不由得非常生气。

　　于是，景公就对晏婴说："这也不是，那也不是。那么，寡人倒是要问一下，相父适才对寡人说，既不是伺候饮食和坐褥的臣子，也不是寡人一个人的臣子。那相父到底属于什么样的大臣呢？"

　　晏婴回答说："回王上，臣是社稷之臣。"

齐景公问："什么叫社稷之臣？"

晏婴说："社稷之臣就是国家的大臣，他能够建立国家，区分君臣上下的关系，让君臣合乎伦理；他能够确定百官的先后次序，让他们处在适当的位置；他能够制定外交辞令，可以传布到天下各国。"

晏婴不是偷懒耍滑，而是要保持大臣的体统和尊严。

从此以后，不涉及国家大事，齐景公就不再召见宰相晏婴了。

成长启迪：

官员应各司其职，尽责于本职工作，不应以献殷勤而得到上司的宠爱和赏识。而我们在与人相处的时候，做好自己的分内事情，不去与人争斗，只尽自己的职责，往往就能得到他人的肯定。做最好的自己，是得到人缘的大前提。

智慧心语：

先生不应该专教书，他的责任是教人做人；学生不应该专读书，他的责任是学习人生之道。

——陶行知

勇于承认错误

　　列宁在八岁的时候到姑妈家去做客，不小心打碎了一只花瓶。因为没有人看见，当姑妈问起是谁打碎的时候，列宁和其他孩子一样说："不是我！"但他母亲从他的表情上还是看出他撒谎了。

　　应该怎样对待孩子撒谎这件事呢？当然，最省事的办法就是直接揭穿他，并且处罚他。但是，列宁的母亲没有这么做。她认为，重要的是，教育儿子犯错误后要勇于承认错误，做一个诚实的好孩子，而不是责备他。

　　于是，她装出相信儿子的样子，在三个月内一直没有提起这件事，而是给儿子讲各种各样的诚实守信的美德故事，等待着儿子的良心深处萌发出对自身行为的羞愧感。从那以后，列宁的母亲明显地感觉到，儿子不如以前活泼了，似乎正在受着良心的折磨。

　　有一天，在小列宁临睡前，母亲又像往常一样，一边抚摩着他的头，一边给他讲故事。不料，小列宁突然失声大哭起来，痛苦地告诉妈妈："我欺骗了姑妈，我说不是我打碎了花瓶，其实是我干的。"听着孩子羞愧难受的述说，母亲耐心地安慰他，说："给姑妈写封信，向她承认错误，姑妈一定会原谅你的。"于是，小列宁马上起床，给姑妈写信承认了错误。

虽然人人都会犯错，但是敢于承认错误并为之负责任的人却是少之又少。即使你犯的错误微不足道，如果你想逃避的话，它也会成为你生活中无法逾越的鸿沟，让你不能从错误中吸取教训，从而阻碍你的成长。懂得在适当的时候承认错误，承担责任，这样才更容易得到别人的理解甚至敬佩。

智慧心语：

我可以原谅任何人的过错，但自己的除外。

——卡拓

花季密语 如何拒绝别人

  葛开是初二（1）班的代数课代表，成绩出众，人缘也很不错。可是，最近他很不开心，因为他的好朋友谢添在对待老师布置的作业问题上，经常"坐享其成"——等葛开绞尽脑汁地把难题解完了，谢添就笑嘻嘻地要他的作业"参考，参考"。其实，就是明目张胆地抄！

  葛开知道这样不好，谢添是在对自己的学业和人生不负责。但是谢添毕竟是他的好朋友，他怎好意思开口拒绝呢？不过，再这样下去也不是办法啊！一次，谢添又来向他借作业"参考"，葛开忍不住开了口："你怎么老是'参考'我的作业，老师不是多次强调要独立完成作业吗。"

  "你是我的好朋友，你不帮我谁帮我？"谢添振振有词。

  这句话一下子让葛开无言以对了，他只好吞吞吐吐地说："那好吧，这次你先拿去看吧，下次可得注意呀……"

  谢添响亮地答应了。可是，他却依然旧习不改，葛开没办法，总是在"下不为例"的警告中将作业借给他。为此，葛开虽然烦恼不堪，但又无可奈何。

  事情到了这里还没结束：一天，葛开在去办公室送作业本的时候，老师叫住了他，批评道："最近我连续多次发现你跟谢添的作业一字不差，就连错误也都一模一样，这是怎么回事？不会是你俩互相抄袭吧？这样可不好，你作为课代表，要以身作则呀！"

  老师的话点到为止，脸皮薄的葛开却面红耳赤。离开办公室，葛开的心里更烦了，既烦谢添，又烦自己，心情糟糕透了。

  其实像葛开遇到的这类烦恼，许多学生都遭遇过。葛开烦恼的根源在于，面对同学的不当要求不敢拒绝、不会拒绝。其实，在与同学交往时，总会遇到一些需要拒绝的事情。拒绝是人际交往中不可或缺的一课，现在我们边结合葛开的故事，边为同学们补上这一课。

* 拒绝是坦诚地、礼貌地向对方说"不"

学会拒绝，首先要有勇气敢于拒绝。上文中，好友谢添要葛开的作业来抄，葛开明知这是不对的，可他唯恐得罪了朋友，没有勇气拒绝对方，以致于引来一连串的烦恼，结果付出了更大的代价：既害了对方，也害了自己。

所以，在适当的场合，要学会说"不可以"。比如别人要你做一件你不想做的事情，如作弊、作弄别人、吸烟等；或者别人要求你做在你的能力范围之外的事，如一味地向你借钱，常常让你代做作业等。这些你必须严正拒绝。

* 学会拒绝，要态度明晰

在一般情况下，拒绝的语言要避免模棱两可、含含糊糊。

我们最好用明白晓畅的陈述句进行，比如，"对不起，我不能"，或者"我知道你是为我好，但是我不能"。而不要拖尾巴，说些模棱两可的话，让被拒绝的一方认为还有机会。

* 拒绝别人，还要讲究策略

拒绝对方时能适时把握对方的心理，有针对性地组织恰当、得体的语言或拒绝方式。作为葛开，在面对谢添再次来"参考"作业进行抄袭的情况时，他完全可以这样拒绝："也许你认为我太认真、太不够意思，但是我是为你好。我宁愿多花一些时间教你，也不愿把作业交给你抄。如果你因此而埋怨我，我会感到遗憾，但无论如何，除了不愿意经我的手害了你外，你需要我帮什么忙，我都愿意。"晓以大义，委婉拒绝是最佳的拒绝方式，你不妨试一试。

总之，对于千万个"葛开"而言，在与同学交往时，如果说了"不"，表达了你内心真实的想法，可能恰恰是你对这份友情的呵护与负责；如果你违心地说了"是"，倒很有可能伤人害己。正确的拒绝也可能是你和同学快乐的源泉，因此，该拒绝时就别害怕拒绝。对自己负责的同时，也常常想着如何对别人负责。

7 让信任走进心灵

我会永远相信最后一片落叶
无论什么世界东风藏在眉心
我会永远相信扎入心的水滴
在另一个世界晴空布幔拉起

——《相信》苏打绿

冒雨践约

魏文侯是战国时期魏国第一位国君。

有一次，他和管山林的人约定次日午时到郊外打猎。谁知第二天一大早，天就下起大雨，气温骤降，寒冷异常。早朝过后，文侯心情不错，便下令赏赐群臣酒宴。正当大家喝得酒酣耳热、兴高采烈时，文侯问道："时间快到午时了吧？"得到下人的肯定之后，文侯急忙命令撤下酒席，叫人备车准备赶往郊外狩猎场。

大臣们见状，齐声劝道："天下大雨，不能打猎，国君何必冒雨白白去一趟呢？"

文侯说："我已经与人约定，现在他们一定在郊外等我。今天虽然不能打猎，我也要亲自去践约呀。"

城里百姓看到文侯冒着大雨往郊外赶去，都感到非常奇怪。后来他们明白了事情的缘由，都说："我们的国君真是一个诚实讲信义的人。"

自此，文侯下达的政令，百姓都马上执行，没有人违背。

魏文侯过世后，他冒雨践约的故事一直被传为佳话，而他本人也因礼贤下士、诚信待人，在史书上有"贤明君主"的美称。

成长启迪：

　　魏文侯虽然贵为一国之君，但因为与看守山林之人有约在先，尽管有天降大雨、宴请群臣两个客观条件阻碍他践约，但他仍以诚信为本，坚决履行约定。他之所以冒雨践约，原因不外乎两个：一是爱惜自己的名声，不愿意因此而失信于人；二是对他人怀有尊重，在遭到群臣的劝阻时，他依然想着看林人在郊外等着自己，不去就是不尊重对方。这两点都体现了魏文侯作为一国之君的高贵素养。

　　人们在交往过程中，互相之间总免不了要做一些约定或承诺，当客观条件发生了变化，我们应该寻找托词而爽约呢，还是应当践约？魏文侯冒雨践约的故事已经告诉我们答案了。

智慧心语：

　　信用是难得易失的，费十年功夫积累的信用，往往由于一时的言行而失掉。

——池田大作

守时就是信誉

　　1779年，德国哲学家康德计划到一个名叫瑞芬的小镇去拜访朋友威廉·彼特斯。他动身前曾写信给彼特斯，声称于3月2日上午11点钟前到达后者的家。

　　康德是3月1日到达瑞芬小镇的，第二天早上便租了一辆马车前往彼特斯家。彼特斯住在离小镇12英里远的一个农场，小镇和农场中间隔了一条河。当马车来到河边时，车夫对康德说："先生，不能再往前走了，因为桥坏了。"

　　康德下了马车，看了看桥，发现中间已经断裂。眼前的河虽然不宽，但很深，而且结了冰。

　　"附近还有别的桥吗？"他焦急地问。

　　"有，先生，"车夫回答说，"在上游6英里远的地方。"

　　康德看了一眼怀表，已经10点钟了。

　　"如果走那座桥，我们什么时候可以到达农场？"

　　"我想要到12点半。"

　　"可如果我们经过面前这座桥，最快能在什么时间到？"

　　"不用40分钟。"

　　"好！"康德跑到河边的一座农舍里，向主人打听道："请问您的那间破屋要多少钱才肯出售？"

　　"您会要我简陋的破屋，这是为什么？"农夫大吃一惊。

　　"不要问为什么，你愿意还是不愿意？"

　　"给200法郎吧。"

　　康德付了钱，然后对农夫说："如果你能马上从破屋上拆下几根长的木条，20分钟内把桥修好，我将把破屋还回给您。"

　　农夫立刻把两个儿子叫来，按时完成了任务。

　　马车快速地过了桥，在乡间公路上飞奔，于10点50分抵达农场。

在门口迎接的彼特斯高兴地对向他走来的康德说："亲爱的朋友，您真准时。"

守时非是小事，它折射出一个人行事处世的一贯作风与方式。守时守信向来是一种优秀的美德和良好的生活态度。这种美德和生活态度能帮助我们赢得他人的尊敬和爱戴，也是人际交流中赢得他人好感的方式。

成长启迪！

智慧心语：

今天所做之事勿候明天，自己所做之事勿候他人。

——歌德

谁都不能改变我的承诺

　　快下班时，百事可乐公司的总裁卡尔·威勒欧普接到市长邀请他参加晚宴的电话，他毫不犹豫地谢绝道："很抱歉，今天晚上我已经同女儿约定陪她过生日。我不想做一个失约的父亲。"

　　走出办公大楼，卡尔给女儿买了生日礼物，驱车直奔市中心新开业的游乐园，去那里与妻子一道为女儿过生日。

　　为避免有人打扰，卡尔和妻子都关闭了手机，他们全身心地陪伴着女儿，开心地享受着这个愉快的"节日"。

　　卡尔正兴致勃勃地看着女儿吹灭红蜡烛、切分蛋糕。就在这时，他的助理急匆匆地赶来了。助理把卡尔叫到旁边，小声汇报——有一个本公司非常重要的客户，很想在这个晚上与卡尔见一面。

　　"可是，我已答应了女儿，今天整个晚上都陪在她身边。"卡尔面露难色。

　　"客户此前确实没有约定，他只在此地做短暂的停留，是临时决定要拜见总裁您的……"助理委婉地建议道。

　　怎么办？一边是已经陪了两个小时、正玩得开心的女儿，而另一边是等待约见自己的重要客户。卡尔略一犹豫，还是转身告诉助理："我觉得我还是应该留下来陪女儿，你去接待一下客户，并替我转达真诚的歉意，还要跟他另约时间，届时我会亲自登门拜访。"

　　"可是，卡尔先生，您是不是先去……"助理提醒总裁这个客户实在太重要了，丝毫不能得罪的。要不然自己也就不会这么焦急地过来打扰总裁了。

　　"爸爸，您先去忙工作吧，妈妈陪我一样很快乐。"得知内情的女儿十分理解父亲，催促父亲去见客户。

　　"不，我已说过，我不想做一个失约的父亲。今天晚上，市长的宴请和客户的约见确实都很重要，但我一个月前向女儿许下的承诺更重要，谁都不能改变我作出的承诺。"卡尔一脸的坚定，让助理打消了继续劝说的

念头。

第二天，卡尔上班做的第一件事就是打电话向那位客户道歉，客户非但没有生气，反而由衷地赞叹道："卡尔先生，其实我要感谢您啊，是您用行动让我真切地记住了什么叫做一诺千金，我明白百事可乐公司兴旺发达的真正原因了。"此后，卡尔和这位客户竟成了非常亲密的合作伙伴，甚至在百事可乐公司经营遭遇最大困难的时候，也不曾动摇他们对彼此的信任。

成长启迪：

诚信是人与人之间相互交往并建立深厚友谊的基础和桥梁。我们难以想象，相互猜疑、互不信任、明争暗斗、刀枪相见的人彼此之间能擦出什么美丽的火花。我们更难以想象，失去诚信的人与人之间所建立的友谊能永葆多彩的光芒。诚信是幸福之基、快乐之源。失去诚信的人生必将是孤独、痛苦、失败的人生。

智慧心语：

一丝一毫关乎节操，一件小事、一次不经意的失信，可能会毁了我们一生的名誉。

——林达生

守信求责

　　皇甫绩是隋朝的名臣。在他三岁的时侯父亲去世，母亲为生活所迫，只好带他回娘家居住。外公韦孝宽见皇甫绩聪明伶俐，因此格外疼爱他。

　　由于韦家是当地有名的大户，生活很富裕。而韦家上学的孩子多，韦孝宽因此在家中办了私塾。皇甫绩来了之后，就和表兄弟们一起在私塾里读书。

　　韦孝宽是个很严厉的老人，尤其对孙辈们，管教十分严格。私塾开办时，他曾立下规矩，谁若无故不完成作业，就要被重打二十大板。

　　有一天，上午课业结束后，皇甫绩和几个表兄躲在一个废弃的小屋里下棋。结果一时贪玩，不知不觉就到了下午上课的时间，大家都忘了做老师上午留的作业。

　　第二天，这件事被韦孝宽知道后，他把孩子们叫到书房狠狠地训斥了一顿。然后按照规矩每人重打二十大板。

　　责打的时候，韦孝宽看皇甫绩年龄最小，念及他平时很乖巧，再加上没有父亲，心生不忍，于是把他叫到一边轻声说："你还小，这次就不罚你了。不过，以后不能再犯这样的错误。不做功课，不学好本领，将来怎么能成大事？"

　　谁知事后皇甫绩心里很难过，他想：我和哥哥们犯了同样的错误，耽误了功课。外公没有责罚我，这是心疼我。但我自己不能放纵自己，必须遵规受责。

　　于是，皇甫绩找到表兄们，求他们代外公责打自己二十大板。表兄们一听都乐了。皇甫绩却一本正经地说："这是私塾里的规矩，我们都向外公保证过，触犯规矩甘愿受罚，我不受罚就是不遵守诺言。如今你们都按规矩受罚了，我也不能例外。"

　　表兄们闻言，都很敬佩皇甫绩这种遵守学堂规矩、诚心改过的精神，见他如此真诚，就拿出戒尺打了皇甫绩二十大板。

后来，这种信守诺言的品德一直伴随着皇甫绩成长，直到他在朝廷里做了大官依然坚守着，因而，他在文武百官中享有很高的声望。

成长启迪：

被打二十大板对于一个小孩子来说无疑是件非常可怕的事情，但皇甫绩小小年纪依然能在犯错后，为了遵守诺言而主动要求表兄责打自己，宁可受皮肉之苦也不失信，实在难能可贵。他的做法给表兄们留下了诚实可信的好印象，这是一种非常聪明的交际智慧，也正是因为一直恪守这种交际智慧。皇甫绩日后才得以在百官中享有很高的威望。

北宋政治家王安石曾说："人无信不立。"同学之间交往，无论遇到什么情况，你若都能对自己的言行负责，就一定会博得对方的好感，令对方愿意放心与你相交。能够博得他人对你的好感和信任，无疑是一个人扩大交际圈、结识更多好友的宝贵财富，它是用金钱也买不到的。反之，如果一个人在交际中总是言而无信，做事出尔反尔，那谁还喜欢与之交往，这种人又怎能获得友谊和尊重呢？

智慧心语：

对人以诚信，人不欺我；对事以诚信，事无不成。

——冯玉祥

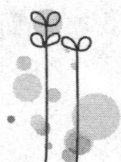

失信的代价

有一位青年画家住在一间狭小的房子里，靠画人像为生。

一天，一个富人经过他的房子，看他的画工细致，便请他画一幅自己的人像画。双方约好酬劳是一万元，对此两人还签了合同。

一个星期后，人像完成了，富人到年轻画家那里取画。富人欺画家年轻又未成名，不肯按照原先的约定付钱给画家。富人心想：画中的人像是我，这幅画如果我不买，那么绝没有人会买。我又何必花那么多钱来买呢？于是，富人赖账了，他说只愿花三千元买这幅画。青年画家听了富人的话愣住了，开始据理力争，要求富人遵守约定。

"我只能花三千元买这幅画，你别再啰嗦了。"富人说，"我最后再问你一次：三千元，卖不卖？"青年画家知道富人故意赖账，心中愤愤不平，他坚定地说："不卖！我宁可不卖这幅画，也不愿受你的侮辱。将来我一定会要你为今天的失信付出十倍的代价！"富人悻然离去了。

经过这件事后，画家搬离了这个地方。他重新拜师学艺，十几年后，终于闯出了一片天地，成为一位在艺术界知名的人物。

这一天，富人的几个朋友突然不约而同地和他谈起一件怪事："这些天，我们去参观一位成名艺术家的画展，其中有一幅画标价十万，画中的人物跟你长得一模一样。好笑的是，这幅画的标题竟然是'贼'！"

富人也很奇怪，不明白天下怎么会有这么巧的事。过了一会儿，他猛然想起了从前那幅他没买的画像……

最后，富人不得不找到那位画家，花了十万元买回了自己的人像画。

失足，你可以马上恢复站立；失信，你也许永难挽回。诚信即诚实、诚恳、信用、信任，它是一种人格境界，是一种个人修养，是一种道德行为，是一个人的立身之本、成功之源。它要求人们真实无妄，诚实无欺。也只有诚实的人才能心智清明，择善而从，并得到他人的拥护。

智慧心语：

诚实比一切智谋更好，而且它是智谋的基本条件。

——康德

八块钱的故事

　　有个男孩正读初中，他的父母开了间小吃铺，并向店面附近写字楼的职员提供外卖服务。每天中午叫外卖的人很多，懂事的男孩便趁午休时间跑到店里替父母送外卖，风雨无阻。

　　这天，男孩接到一个电话，便马不停蹄地将外卖送过去。叫外卖的是一个中年男人，当男孩将外卖恭敬地放在他面前的时候，只见他的桌上已经放了四五份外卖，既有中式盒饭，也有鸡腿堡等洋快餐。

　　他一个人要这么多外卖干嘛？男孩正疑惑着，男人已经打开盒盖，说："挺香的嘛，多少钱一份？"

　　"八块钱。"男孩如实回答。

　　"如果我每天都叫你的外卖，你能给我打折吗？"

　　"可以，每份可以按七块给您算。"男孩业务很熟练地答道，"并且我保证价格打折，饭菜质量上绝不会打折。"

　　"这个嘛，好说。"男人狡黠地说，"关键是要让我们两个都有利可图。跟你明说吧，我们公司财务管理很严，每到月底，你能不能按每份十元的价格给我出具发票之类的证明？"

　　"对不起，我只能明码实价地给您出具发票。"

　　男人脸色阴沉下来，朝桌上摆放着的那些外卖努努嘴："行不行在你，可叫不叫你家的外卖在我。我们公司刚搬到这里，有二十多个职员，每天公司都要给他们提供一份午餐，一年下来，这个量可不小啊。送外卖的那么多，我为什么偏偏要你家的？"

　　男孩在心里迅速计算了一下，一天二十份，一个月下来就是四百多份呀！但他还是倔犟地摇了摇头："爸妈讲求诚信经营、童叟无欺，对不起，您的要求我家办不到。"

　　"好吧，既然是这样，"男人忽然被他的这份倔犟劲逗乐了，"我决定今后就固定从你家采购外卖了。"

"可你得不到一点油水呀，为什么？"男孩有些蒙了。

"你家的诚信就是我得到的最实惠的'油水'。一个不愿意给心灵打折的经营者，我还有什么顾虑，并且放弃与之合作呢？"男人站了起来，"请你到隔壁办公室找我们后勤部主管谈谈具体事宜吧。"

男孩满心欢喜地道谢辞别。出门时，他无意间瞥了那扇一直敞着的门，只见门心的牌子上镂刻着端庄的四个字——总经理室。

成长启迪：

现如今，一些同学常常把"诚实"与"吃亏"划了等号，有了这样的思想，就有可能为了"眼前的现实利益"而做出不诚实的事情。

诚实真的就意味着吃亏吗？也许在某件事情、某个短暂的时间、某个局部的方面，诚实的确会让我们失去一些眼前利益，但从长远来看，因诚实而"吃亏"，也会因此建立个人信誉，得到他人的信任，所谓"得道多助"，生活和事业能因此更快地上一层楼；反之，因为眼前的利益而虚伪，就会丧失信誉和大家的信任，没有人相信他，也没有人愿意与之交往并帮助这种人，那么，这种人就会在人生路上越走越窄。

所以说，不诚实或许能换来眼前的利益，却失去了长远利益。古人云："以诚待人，非惟益人，益己尤大。"诚实也许会让你吃亏，却能赢得别人的信任，这才是真正的无价之宝。当"诚实"成为生命力的一种无形资产，在进行人际交往时，你就会少一些无助，多一些朋友；少一些遗憾，多一些美好和绚烂！

智慧心语：

诚者，天之道也；思诚者，人之道也。

——孟子

承诺

福克斯是著名的犹太人政治家，他一生的做人原则是诚实守信，并因此赢得了很多人的尊重，他从一个普通的推销员逐步成为一个国家的元首，正是其人格魅力，使他获得了群众的支持。

一次，福克斯受邀到一所大学演讲，一个学生问他："政坛历来充满欺诈，在从政的经历中您有没有撒过谎？"

"我在从政的过程中从没撒过谎。"福克斯说。

话音刚落，大学生们便在下面小声议论开了，有的还轻声笑出来，因为每一个政客都会这样说。政客们总是发誓，说自己从来没有撒过谎。

福克斯并没有因学生的质疑而生气，他对大学生说："孩子们，也许我很难证明自己是个诚实的人，但是你们应该相信，诚实依然存在于这个世界上，它时刻在我们周围。我想讲一个故事，也许你们听过就忘了，但是这个故事对我却很有意义。"接下来，福克斯将故事娓娓道来。

有一位父亲是一个农场主。有一天，他觉得家后面的亭子已经很破旧了，就请来了一些工人，让他们拆掉它。农场主的儿子对拆亭子的事很感兴趣，但得马上动身去学校了，于是对父亲说："爸爸，等我从学校放假回来，再拆这座亭子好吗？我想看看你们是怎么拆掉它的。"

父亲答应了，可是，等孩子一走，工人们很快就把亭子拆掉了。孩子放假回来后，发现旧亭子已经不见了。他闷闷不乐地对父亲说："爸爸，您答应了我，等我回来后再拆亭子，可是您却没有做到。"

父亲惊异地看着孩子，过了好久才说："孩子，爸爸错了，我不应该骗你。"

这位父亲把工人重新请了过来，让他们在原地造一座和原来一样的旧亭子。亭子造好后，他将孩子叫来，然后对工人们说："请你们现在把它拆掉。"

福克斯说，这位父亲我认识，他并不富有，但是他在孩子的面前实现

了自己的承诺。

学生们听后，问道："能告诉我们这位父亲叫什么名字吗？我们希望认识他。"

福克斯说："他已经去世了，但是他的儿子还活着。"

"他的儿子一定是个诚实的人，那么现在他的儿子在哪？"

福克斯平静地说："他的儿子现在就站在这里，就是我，以色列总统福克斯。"他接着说："我想告诉大家的是，我愿意像我父亲一样对待这个国家，对待这个国家的每一个人。"

话音刚落，台下就响起了一片热烈的掌声。

成长启迪：

没有谁能保证一辈子不失信。然而在失信之后，勇于承认自己的错误，实在难能可贵。福克斯的父亲就为儿子做了一个很好的榜样。这榜样的力量让儿子成为了一个伟大的领袖。一个人，如果能勇于面对错误、承认错误、改正错误，他就会成为一个正直的人，不仅能得到大家的肯定，也会得到大家的信任，从而担负起重任。

智慧心语：

恕自己一过，则万过由之而生。

——苏格拉底

163

江忠源交友有信

曾国藩一生善于识人用人。

一次,曾国藩在家书中告诫弟弟:"一生之成败,皆关乎朋友之贤否,不可不慎也。"他在这里讲的"贤",其实就是指一个人的道德水准、品德修养。这也反映了他在择友时,对交往对象品德的重视程度。

曾国藩有一位叫江忠源的朋友。此人极讲信义,进京赶考时,曾两次不畏千里长途,护送友人灵柩回原籍,虽然饱经雨露风霜,仍能善始善终。曾国藩是因仰慕其人品,才与江忠源结为好友,并预言:"是人必立功名于天下,然当节义死。"

曾国藩在咸丰帝登位时,向朝廷推荐五个人才,江忠源便是其中之一。江忠源是个心地坦诚、拥有肝胆之心的忠义血性之人,他不会像某些人一样甜言蜜语,不是那种阿谀奉承的谄媚分子。在别人危难之时,他可以拔刀相助,赴汤蹈火。咸丰元年的"蓑衣渡之战",江忠源带领将士伐木作堰,横江拦断,使太平军损失惨重,取得清廷与太平军作战以来的首次大捷。

后来,在清军与太平军之间发生的多次战役中,江忠源用自己的行为证明了"交友有信,与士卒同甘苦,临阵常居人先,死生患难"的诺言,曾国藩称赞他为"儒文侠武"。

品德高尚的人，历来受人尊崇，这类人也是人们愿意结交的对象。曾国藩慕名结交江忠源，后又向皇帝鼎力举荐，皆是因为他对江忠源的人品深信不疑。事实也证明，江忠源的忠信、仁义、赤诚的品德修养使他能"立功名于天下"。

同学们在选择朋友时，就要选择江忠源这样品德高尚的人做为结交对象。与这类人交往，在潜移默化中也会提升自己的品质修养。正如孔子所说："与善人居，如入芝兰之室，久而不闻其香，即与之化矣。"意思是说，常和品行高尚的人在一起，就像沐浴在种植芝兰散满香气的屋子里一样，时间长了便闻不到香味，因为本身已经充满香气了。

智慧心语：

你必须以诚待人，别人才会以诚相报。

——李嘉诚

诚实的樵夫

从前，在安静的绿树林深处，有一条水流湍急、闪着银光的河流。河边住着一位贫穷的樵夫。为了维持一家人的生计，樵夫工作非常辛劳。每天他都得扛着一把坚硬、锋利的斧子去森林中砍木头。不过，他并没有因为辛苦而整天垂头丧气。每一次去森林，他总是边走边高兴地吹口哨。因为他想，只要自己身体健康，斧子不出问题，他就能挣到足够的钱来养家糊口。

一天，他正在河边砍一棵大橡树。斧头落处，木屑飞扬。清脆悦耳的伐木声在森林中回荡开来，别人还以为有十多个樵夫在工作呢！

干了一段时间之后，樵夫想休息一会儿了。他把斧子放在树边，然后转身想坐下，却突然被一条干裂的老树根绊了一跤，斧子脱手飞出去，顺着河岸滑落到水中。可怜的樵夫瞪大双眼想看清河底的情况，但河水太深了。

过了一会儿，一个女神出现在他的眼前，问道："你怎么了？"

樵夫说："我的斧子落到水中了。"

一转眼女神就不见了，过了一会儿，女神从水里冒出来问樵夫："你的斧子是这三把中的哪一把？"

"我的是最后那一把破斧子。"

女神看他很诚实，就把另外两把斧子——金斧子和银斧子也送给樵夫了。

诚实是做人之本，是为人处世的最高品格，诚实的人终究会得到人生的奖赏，而不诚实的人，等待他的将是失败和一无所有。在世界上没有比诚实更可贵的东西。诚实是你的优势和财富，它会助你斩断人生的荆棘，一步一步走向成功。

成长启迪：

智慧心语：

诚实是人生的命脉，是一切价值的根基。

——德莱

火柴的故事

18世纪有一个有钱的绅士，在一天夜晚，他在街上散步，被一个蓬头垢面、衣衫褴褛的小男孩儿拦住了。

"先生，请您买一包火柴吧。"小男孩儿说道。

"我不买。"绅士回答说。说着，绅士躲开男孩儿继续走。

"先生，请您买一包吧，我今天还什么东西也没有吃呢！"小男孩儿追上来说。

绅士看到躲不开男孩儿，便说："可是我没有零钱呀！"。

"先生，您先拿上火柴，我去给您换零钱。"说完，男孩儿拿着绅士给的一个英镑快步跑走了。绅士等了很久，男孩儿仍然没有回来，绅士无奈地回家了。

第二天，绅士的仆人说有一个男孩儿要见他。于是，男孩儿被叫进了绅士家。这个男孩比卖火柴的男孩儿矮一些，穿得更破烂。

"先生，我哥哥叫我把零钱找给您。"

绅士问："那你哥哥呢？"

"哥哥昨天晚上为给您找零钱，被马车撞成了重伤，在家里躺着呢！"

"走，我们去看你哥哥。"绅士随着小男孩儿来到了他的家。

躺在床上的大男孩儿见到绅士，连忙抬起上半身说："对不起，昨天晚上没有把零钱找给您，我失信了！"绅士被男孩儿的诚信深深打动了，当他了解到两个男孩儿父母都双亡时，他决定抚养他们两个。

诚信是道路，随着开拓者的脚步延伸；诚信是智慧，随着博学者的求索积累；诚信是成功，随着奋进者的拼搏临近；诚信是财富的种子，只要你诚心种下，就能找到打开金库的钥匙。

成长启迪！

智慧心语：

金钱比起一份纯洁的良心来，又算得了什么呢？

——哈代

最重要的资本

公元前4世纪，意大利有一个名叫皮斯阿司的年轻人触犯了国王，被判绞刑。几天后，他将被处死。

皮斯阿司是个孝子，在临死之前，他希望能与远在百里之外的母亲见最后一面，以表达他对母亲的歉意，因为他不能为母亲养老送终了。他的这一要求被告知了国王。国王被他的孝心所感动，允许他回家。但是，皮斯阿司必须为自己找个替身，暂时替他坐牢。

这是一个看似简单，其实近乎不可能实现的条件。有谁肯冒着被杀头的危险替别人坐牢，这岂不是自寻死路？但是，茫茫人海，就有人不怕死，而且真的愿意替别人坐牢，他就是皮斯阿司的朋友达蒙。

达蒙住进牢房以后，皮斯阿司回家与母亲诀别。人们都静静地看着事态的发展。日子一天天地过去了，皮斯阿司还没有回来。眼看刑期就快到了，一时间人们议论纷纷，都说达蒙上了皮斯阿司的当。

行刑日是个雨天，当达蒙被押赴刑场之时，围观的人都在笑他的愚蠢，幸灾乐祸者也大有人在。刑车上的达蒙却面无惧色，看样子竟打算慷慨赴死。

追魂炮被点燃了，绞索也已经挂在达蒙的脖子上。围观者中胆小的都吓得紧闭双眼，他们在内心深处为达蒙深深地惋惜，并痛恨那个出卖朋友的小人皮斯阿司。但就在这千钧一发之际，在淋漓的风雨中，皮斯阿司飞奔而来，他高喊着："我回来了！我回来了！"

这一幕太感人了，许多人都还以为自己是在梦中。皮斯阿司守信回归的消息宛如长了翅膀，很快便传到了国王的耳中。国王闻听此言，以为这是谎言。他认为自己必须亲自赶到刑场，亲眼看一看自己的优秀子民。最终，国王万分喜悦地为正要被处以绞刑的皮斯阿司松了绑，并亲口赦免了他的刑罚。

在赦免的现场，国王当众宣布了自己要以信立国，以信治天下的政令。

不仅如此，他还宣布任命皮斯阿司为司法大臣，任命达蒙为礼仪大臣，协助国王治理国家。国王说，他为自己的国家有皮斯阿司和达蒙这样的子民感到高兴，为自己的国家有这样讲信用和义气的子民感到自豪。他相信，他们两个人一定会辅助他把国家治理成诚信礼仪之邦。

事实上，正是这两个人在担任了大臣以后，协助国王以诚信治天下，才使意大利走向了历史最辉煌的全盛时代。

成长启迪：

年轻、财富、学识、友谊，毫无疑问都是人生的资本，但这些都不是人生最重要的东西。人生最重要的资本，是信用。信用是一种具有约束力的心灵契约。尽管它无体无形，但却比任何法律条文更具震撼力和约束力。一个没有信用的人，要想跻身成功者的行列，得到他人的认可和帮助肯定是不可能的。

那些流芳百世、闻名世界的成功者，都是以自己的信用赢得了尊重他的人。因为，信用是高尚品格的象征。

智慧心语：

失信就是失败。

——左拉

花季密语
同学之间融洽相处有招法

　　同学间的情谊对每个学生来说都是一笔珍贵的财富。与你结成深厚情谊的同学会帮你分担烦恼，与你分享快乐，让你的生活更加缤纷多彩。但是，同学之间相处也有很多的学问，一些发生在生活、学习中的小事，如果处理不当，也会断送你的友情。那么，如何让同学之间的感情更融洽，关系更和谐呢？

　　* 同学有难要帮助，不要推托

　　在生活中，谁都可能遇到难事；在学习中，谁都不可能精通百科，必然会遇到难题，需要向同学求助。作为同窗，在同学有困难时要尽己所能地去帮助对方才对。即使遇到竞争对手向自己求助，也要放开心胸帮助对方，这样就可以为自己营造良好的人际环境和学习环境。

　　* 同学隐私要保密，不要张扬

　　每个人都有自己的秘密或隐私。如果同学因为信任你才把这些秘密或隐私说给你听，你就不要亵渎同学的信任，否则会影响双方感情，令同学对你产生信任危机。同学之间，即使无意当中知道别人的秘密或隐私，也应该把它深埋心底，特别是那些会对同学产生巨大负面影响的秘密或隐私，你更要保密。

　　* 同学有错要善待，不要苛责

　　金无足赤，人无完人。在人际交往中，谁都不能保证不犯错。同学有错，只要是无关宏旨的错误，你就不必大加张扬，故意搞得人人皆知。更

不应抱着讥讽的态度小题大做，拿人家的错误在众人面前苛责或取乐。

　　同学犯了错误，不能苛责对方，粗暴打击，而要善意地去修正同学的错误，帮助他们改正，决不能揶揄对方。

　　中学时代，是人生中最为灿烂的时代。中学生对朋友的向往最为强烈，对友谊的憧憬最为多彩。谁都希望与朋友共享欢乐，又希望有朋友分担痛苦。愿每位同学都能掌握交际方法，令你与同学的感情更融洽，与同学相处得更和谐。

8 放低姿态，巧得朋友的心

该不该搁下重重的壳
寻找到底哪里有蓝天
随着轻轻的风轻轻的飘
历经的伤都不感觉疼
我要一步一步往上爬
等待阳光静静看着它的脸
小小的天　有大大的梦想
重重的壳裹着轻轻的仰望
我要一步一步往上爬
在最高点乘着叶片往前飞
小小的天　留过的泪和汗
总有一天我有属于我的天

——《蜗牛》周杰伦

大狮子和小甲虫

有一天，一头大雄狮站在镜子前，前后左右地欣赏着自己。

"看我这副威武的样子，多么高贵！多么雄壮！"大雄狮自豪地说，"我一定要到外面走走，让那些忠实的臣民都瞧瞧，他们的领袖是一位如此气度非凡的兽中王！"

于是，大雄狮走出皇宫。一路上没有谁敢大胆挡道。来不及躲避的臣民都向它鞠躬行礼。

"呵，这就对了。我理所当然地可以接受他们的敬意，我是他们的主人，当之无愧的兽中王！"大雄狮傲慢地说。

路旁有一只小小的甲虫躲避不及，被大雄狮看见了。

"大胆的小甲虫，本大王到了，为何不施礼？立刻给我跪下！"

"尊敬的大王陛下，我心里明白，因我个子小，您看不清楚。如果您能挨近点看，或许会看见我正在向您跪着呢！"

大雄狮听了，果真向下弯了弯身子，伸了伸脑袋，仔细地瞧着。

"小小甲虫，你到底跪没跪下，我还是看不清楚。"

"哎呀，尊敬的陛下，如果您能再挨近点看，肯定会看到我确实是向您跪着呢！"

大雄狮当真又向下弯了弯身子，伸了伸脑袋。这一弯腰，身上的礼服，头上的皇冠，脖子上的金银勋章哗哗啦啦地垂了下来。大雄狮顿时感到头重脚轻，失去了平衡，一头栽倒在地上。只听它一声吼叫，滚进了路边的泥水沟里。

小甲虫吓得撒腿就跑。不可一世的兽中王则成了一头泥狮子。

不管你有多么高的本领和声誉，切莫高傲自大，否则，你也很可能像寓言中的狮子一样栽在小甲虫手里。自大与自信只是一步之遥，但自信有充分的理由，并且不会有傲慢于人的态度。如果你不容易改掉因过分自信而轻视别人的缺点，那就尝试去帮助别人，这样你也可以慢慢理解自己的长处究竟是否用到了真正的地方。如此一来，不但你会获得许多快乐，别人也会敬佩你的谦虚，美慕你的能力，愿意与你交往。

智慧心语：

谦和的态度，常会使别人难以拒绝你的要求。这也是一个人无往不利的要诀。

——松下幸之助

晏子赎越石父

春秋时期，齐相晏婴出使晋国，路过"中牟"这个地方，看见一个人头戴破帽子，反穿皮袄，身背饲草，正坐在路边休息。

晏子一眼就看出对方是一位有修养的君子，于是就派人问他："你叫什么名字？从哪里来？"

那人回答说："我是齐国人，名叫越石父。"

晏子就把他叫到跟前问道："为什么来到这里？是不是家里遭到什么不幸？"

越石父说："我在中牟卖身为奴，看见了齐国出使队伍路过，打算跟您一道回国。"

晏子问："为什么要卖身为奴？"

越石父回答说："由于饥寒交迫，我便卖身为奴了。"

晏子问："当奴仆几年了？"

越石父回答："已经三年了。"

晏子问："可以赎身吗？"

越石父回答："可以。"

晏子便把拉车左套的马解下来，用这匹马把越石父从奴隶主那里赎买下来，并与他一起回国。

回到相府，晏子没跟越石父告辞，就进了自己的房门。越石父见状很生气，要与晏子绝交。

晏子派人传话说："我不曾与你结交，谈何绝交？你当了三年奴仆，我今天看见了才把你赎买回来，我对待你还算可以吧？你怎么可以恩将仇报？说什么绝交？"

越石父说："士人不在知己朋友面前，可以受屈辱；而在知己朋友面前，则可以得到舒展。所以君子不因为对人家有恩而轻视人家，也不因为人家对自己有恩而向人家屈服。我给别人当了三年奴仆，却没有人理解我。现

在您把我赎买回来，我认为您理解我了。先前您坐车，不同我打招呼，我以为您是一时疏忽了。现在您又不向我告辞，就直接进入屋门，这同把我看做奴仆是一样的。既然我在您心中还是奴仆的地位，就请再把我卖到社会上去吧！"

晏子听了越石父的回话，走出来，请求和越石父见礼。

晏子说："以前我只看到了客人的外表，现在理解了客人的内心。我听人说过：考查他人行为的人不助长人家的过失，体察他人实情的人不讥笑人家的言辞。我可以向您道歉，您能不抛弃我吗？我是诚心改正自己的错误的。"晏子命令人把厅堂打扫干净，用酒席盛情款待越石父。

越石父说："我听说过，最高的尊敬不讲究形式，用尊贵的礼节待人不会遭到拒绝。先生以礼待我，我实在不敢当。"

晏子于是就把越石父奉为上宾。

成长启迪：

我们常说"你的形象价值百万"，这个形象不仅指衣着打扮，还涉及言行举止的各个方面。如果说，人生中哪门学问时刻与人相关，那这门学问非"礼仪"莫属。一个人仪表恰当，才不会被人拒之门外；举止得体，才不会被人侧目相看；对人有礼，才不会被人视为缺乏教养。

在立足的基础上，良好的礼仪可以帮你抬高身价：沉着自信，别人才不敢小瞧你；不卑不亢，别人才会对你刮目相看；谈吐不凡，别人才会对你欣赏有加；守诺守时，别人才会给予你信任；办事得法，别人才愿意为你开绿灯。

智慧心语：

善气迎人，亲如弟兄；恶气迎人，害于戈兵。

——管仲

把名声送给别人

美国钢铁大王卡耐基年幼时，家境贫寒。父母从英国移民美国定居，全家刚落脚时，父母供不起卡耐基读书，卡耐基只能辍学在家。

有一次，别人送给他一只母兔，很快，母兔又生下一窝小兔。这下，卡耐基犯了难：因为他买不起豆渣、胡萝卜等饲料来喂养这窝兔崽，他拍脑袋一想，计上心来——请左邻右舍的小孩子都来参观这些活泼可爱的兔娃娃。小朋友大都喜欢小动物，卡耐基趁机宣布，谁愿意拿饲料喂养一只兔子，这只兔子就用这个小朋友的名字命名。小朋友齐声欢呼，赞同卡耐基的"认养协议"。于是，小兔子都有了漂亮的名字，卡耐基所担忧的饲料难题也迎刃而解。

童年趣事给卡耐基带来了有益的启示：爱慕虚荣者通常得不到好处，而不务虚名者往往能得到巨大的实际利益。后来，卡耐基从小职员做起，通过自身顽强拼搏，成为一家钢铁公司老板，想不到儿时的这个经验还为他解决了不少商业难题。

为竞标太平洋铁路公司的卧车合约，他与商场老手布尔门的铁路公司较劲。双方为了投标成功，不断削价比拼，结果已跌到无利可图的地步，彼此还咽不下这口气。

有一次，"冤家路窄"，卡耐基在旅馆门口邂逅了布尔门，他微笑着伸出手，主动向布尔门打招呼说："我们两家如此恶性竞争，真是两败俱伤啊！"

卡耐基接着坦诚地表示：希望双方可以尽释前嫌，合作奋进。布尔门被卡耐基的诚挚所感动，气消了一半，不过对合作奋进缺乏兴趣。卡耐基对布尔门不肯合作的态度感到纳闷，一再向他追问原因，布尔门沉默片刻，狡黠地问："合作的新公司叫什么名字？"

哦，原来布尔门在乎"谁是老大"这个问题！卡耐基想起儿时养兔子之事，脱口而出："当然叫'布尔门卧车公司'啦！"

布尔门简直不敢相信自己的耳朵，卡耐基又明确无误地确认了一遍。

于是，布尔门与卡耐基冰释前嫌。两家公司强强联手，签约成功，双方从中大赚一笔。

历史常常开这样的玩笑，越追求名利者越容易被历史淡忘，越淡泊名利者越容易被人们记住。现在全世界都知道，"钢铁大王"卡耐基，又有几个人知道布尔门？

成长启迪：

淡泊决不是消极的人生态度，因为淡泊往往是一个人经过冬之寒冷、春之招摇、夏之热烈之后，拥有的一种秋的沉静。钢铁大王卡耐基因淡泊虚名而与布尔门成功结交，双方合作实现共赢。可见，在与别人结交时，放下你的骄傲，往往会为你赢得友谊和利益。

智慧心语：

不在乎别人是否赏识他的人，必然成功。

——金基尔

杨修之死

　　杨修是东汉末年一个非常聪明的智者，他在年轻的时候就很有名气。后来，曹操重金聘请他为主簿，要他为自己出谋划策。

　　公元220年，刘备在诸葛亮的辅佐下，几年时间内势力发展得非常强大，刘备也在蜀中自称"汉中王"。曹操对此非常愤怒，于是就兴兵四十万讨伐刘备。两军交战好几个月，曹操逢战必败，被刘备、诸葛亮杀得狼狈不堪。

　　曹操很是郁闷。这天晚上，曹操族弟夏侯淳进到曹操营中问夜间口令。当时曹操正在喝鸡汤，看到碗里有一根鸡肋，于是有感而发说道："鸡肋，鸡肋。"

　　夏侯淳听到后，感觉有点莫名其妙，但是这是魏王的旨意，只好把"鸡肋"当作夜间口令传到各营寨。

　　没多久，只见一部分军士正在收拾行装，夏侯淳非常恼火，走过去说道："你们竟敢当逃兵，来人，将他们斩首。"

　　那几个军士看到夏侯淳要斩他们，急忙喊道："将军饶命，我等冤枉，这是杨主簿的意思，是他让我们收拾行装的，不信你问他。"

　　夏侯淳听说，气冲冲地向杨修的营寨走去。杨修看到夏侯淳来了，就招待他坐下。

　　夏侯淳也不客气，坐下后对杨修说："主簿是什么意思？为什么叫兵士收拾行装？这不是惑乱军心么？丞相知道后必定要杀你！"

　　杨修说："将军别发怒，我自有我的道理。我从魏王夜间口令中得知大王不久即将退兵，为了避免到时候军士整理行装慌乱，所以我就叫他们提前收拾一下。"

　　夏侯淳问道："主簿怎么知道大王要退兵？"

　　杨修说："听到'鸡肋'，我便知道了。所谓'鸡肋'，食之无肉，弃之可惜。如今大王进兵无益，退兵恐被天下耻笑。然而魏王必定搬师，

所以，我就让军士们提前收拾行装，以免到时慌乱。"

夏侯淳一听，觉得很有道理，就说："先生真是魏王心腹。"于是也高兴地吩咐所有军士都提前收拾行装。

正好当天晚上曹操心烦睡不着觉，手里提着钢斧绕着营寨走，看到军士乱成一团，于是就问夏侯淳："这是怎么回事？士兵为何如此慌乱？"

夏侯淳说："回大王，主簿杨修解大王之意。"然后把鸡肋的事对曹操说了一遍。

曹操听后大怒，命令刀斧手以蛊惑军心之罪将杨修斩首。

可惜，年仅38岁的杨修就这样死于不明不白之中。

成长启迪：

杨修之死，有人认为曹操是嫉贤妒能、心胸狭窄所致。但反过来想想，杨修的死难道不跟他自作聪明有关？他将曹操沉吟间道出的"鸡肋"理解为曹操即将撤兵的信号，并自作主张地号令部队收拾行装准备撤退，这些做法怎能不给他带来杀身之祸？

在校园里，也有类似于杨修的一些同学，总觉得自己比别人聪明，摆出一副什么事都明白的架势；总认为自己的判断是正确的、见识是广博的，事事处处爱自以为是；总认为自己的做法比谁的都好，遇事便自作主张。结果，惹人烦、遭人怨，落个"自作聪明"的坏名声，于人于己都没有什么好处。

智慧心语：

自满、自高自大和轻信是人生的三大暗礁。

——巴尔扎克

杰米扬的汤

杰米扬准备了一大锅汤，请朋友福卡前来品尝。

"请啊，老朋友，请吃啊！这个菜是特别为你预备的。"杰米扬热情地说。

"不，亲爱的朋友，吃不下了！我已经吃得塞到喉咙眼儿了。"朋友回答。

"没关系，才一小盆，总吃得下去的。味道的确好，喝这样的鱼汤也是口福呀！"

"我已经吃过三盆咧！"

"嗨，何必计数呢？哦，你的胃口太差劲！凭良心说，这汤真香、真稠，在盆子里凝结起来，简直跟琥珀一样。请啊，老朋友，替我吃完它！吃了有好处的！喏喏，这是鲈鱼，这是肚片，这是鲟鱼。只吃半盆，吃吧！"杰米扬喊自己的妻子，"老婆，你来敬客人，客人会领你的情的。"

杰米扬就这样热情地款待福卡，不让他休息，不让他停止，一个劲儿地劝他吃。福卡的脸上大汗如注，勉强又吃了一盆，并装作吃得津津有味，把盆子里的汤吃了个干净。

"这样的朋友我才喜欢，那班吃东西挑剔的大人、先生们，我看着就觉得可气。"杰米扬嚷道，"吃得痛快！好，再来一盆吧！"

然而，好不奇怪，老福卡虽然喜欢喝汤，却马上站起身来，赶紧拿起帽子、腰带和手杖，用足全力跑回家去了，从此再也不进杰米扬的家门。

再好的东西，如果不加节制地强加于人，就会和杰米扬的汤一样令人讨厌。

成长启迪：

　　任何事物都有其数量界限，好客、热情也有一定的度。在一定的界限内，量的变化不会改变事物的质，而一旦超出这个界限，量的变化就会引起质的变化。鲜美无比的鱼汤无疑是款待客人的佳品，但给人过量了，就会好心不得好结果，存心敬客反而把客人吓跑。这就告诉我们，交友时，对对方表示你的热情时要有个度。

智慧心语：

　　礼貌建筑在双重基础上：既要表现出对别人的尊重，也不要把自己的意见强加于人。

——霍夫曼斯塔尔

丁肇中的不知道

作为科学大家的丁肇中，他认为不知道的就一定要回答"不知道"。

几年以前，央视的《东方之子》栏目对诺贝尔物理学奖获得者丁肇中进行了一次专访，丁教授面对记者紧追不舍的几个简单问题，连道几个"不知道"，令人感慨。

记者提的是这样一个问题："我感觉您对自己每一个人生阶段都有很明确的选择。比方说小时候对科学、对科学家感兴趣；大学的时候，就锁定了要研究物理；然后每做一个实验也是力排众议，自己坚持下来。一个人怎么能够每一次选择都能这么坚定和正确呢？"这位记者想要获得的答案大家心里都明白，因为在太多的名人访谈中，这样的问题显然都是为对方作秀进行的铺垫。然而，丁肇中的回答却是："不知道，可能比较侥幸吧！"

记者不死心，又追问道："在这里面没有必然么？"丁肇中依然回答："那我就不知道了。"记者还是不死心："怎么才能让自己今天的选择不会导致日后的后悔？"丁肇中依然回答："因为我还没有后悔过，所以我真的不知道。"记者无奈："我发现在咱们谈话过程中，您说得最多一个词就是'我不知道'。"这次丁肇中作了正面回答："是！不知道的，你是绝对不能说知道的，我们那里是绝对不允许的。知道就是知道，不知道的你不要猜。"

他的严谨态度，的确值得很多人学习。

人贵有自知之明，如果不懂装懂的话，也许短时间并不会让人反感，但是如果成为一种习惯，那么，时间长了就会遭到周围的人的厌恶。别人就很难再对你产生信任。自知之明，犹如黑暗里点亮的一盏明亮的灯，照亮了你前方的路。

智慧心语：

当一个人要做自己的事时，就会发现他首先要做的便是认识自我，明确该做什么，有了自知之明，就不会去多管闲事，就会首先自尊自爱，自修其身，就不会忙忙碌碌，劳而无功，不会想不该想的，说不该说的。

——蒙田

岩石和树

一块巨大的岩石屹立在半山腰上，表面有几道风化的裂缝。一粒种子被鸟儿带到岩石上，滚落在岩石的裂缝里。一年后，种子长成了一棵很小的树。

岩石见小树长到自己的身上，很生气。小树说："真对不起，鸟儿把我带到这儿，我没有选择，我跟你做伴儿吧。"

岩石说："你在我这儿生根只有死路一条。你长得大吗？要想长大，你只有撑开我的身体。你做梦吧！"

小树说："我希望长大，但也不希望撑开你的身体。我们和睦相处吧。"

岩石对小树不屑一顾，它断定小树是长不大的。

一百年过去了，小树真的长大了。它的根顺着岩缝往下扎，长成了一棵直径半尺多的大树。岩缝里土不多，却很肥沃。而且，由于树根的张力，岩缝在继续不断地慢慢扩大，岩缝里的土也在不断地增加。

岩缝的扩大使岩石感受到了痛苦和威胁，它终于向大树屈服了。它向大树哀求："大树老弟，你坚忍不拔的精神使我折服，但我恳求你改变一下生长的方式，你最好不要再往高长了，太高了招风啊。而且，你的根部应该换一种方式把我包裹起来。这样，我避免了分裂的危险，你的基脚也会更加牢固。"

大树一听，愤愤然说："岩石老兄，当初你瞧不起我，现在怕了？我长了一百年还只有这么点大，与周围的树相比，我长得太慢了。这都是因为你的缘故。"

岩石说："当初我不希望你长在我的身上，是为我自己，也是为你好。现在，你我已是相依为命了。我劝你，是为我自己免遭分裂，也是为了你的安全不受威胁啊。"

大树哈哈大笑，说："谁会威胁到我的安全呢？是雨，是雪，是霜，还是风？雨、雪、霜都是我的朋友。风嘛，只够给我洗尘、挠痒痒。"

岩石很失望，说："大树老弟，当年你很善良也很谦虚，怎么现在长高了长大了就变成这样了？"

大树生气地说："用不着你来教训我！"

从此，岩石不再说什么。

又过了若干年，大树长得更大更高了。它俯瞰着整个山坡，一种成就感油然而生。终于有一天，岩石经不起雨水的侵蚀，经不起树根的撑胀，彻底地裂开了。裂开的一部分从半山腰滚落到山谷中去了。

一阵大风吹过，这棵大树突然间轰然倒地。

成长启迪：

永远不要骄傲。骄傲的人，总有一天是要犯错误的。更交不到知心朋友。真正的骄傲并非是无知的狂妄，把自己凌驾于他人之上，而是深刻的自尊、自信与自爱！即是从不低估自己，从不畏惧挑战，从不屈服于压力，从不放弃尊严与原则。

智慧心语：

决不要陷于骄傲。因为一骄傲，你们就会在应该同意的场合固执起来；因为一骄傲，你们就会拒绝别人的忠告和友谊的帮助；因为一骄傲，你们就会丧失客观标准。

——巴甫洛夫

飞鸟与游鱼

    天空中，有一只鸟儿在自由自在地飞翔着，看见下方有一个池塘，就落下来小憩。

    鸟儿看见一条鱼儿在水中游来游去，它想："多可怜的鱼儿呀！整天被无情地泡在冰冷的水里，无法上岸走走，更不能像我一样在天空自由自在地飞翔。我一定要把它救到天上来。"

    于是鸟儿对鱼儿说："亲爱的朋友，你可真傻啊，整天待在这沉闷冰凉的水里受罪，来吧，跟随我一起去天空自由自在地生活吧！"

    "可是……我，好像无法离开这水呢。"鱼儿怀疑地回答。

    "你可真笨！那么好吧，既然你自己没有办法离开这一池讨厌的水，那么，就让我来帮你吧！"

    鸟儿说完，飞向水面，然后一头扎进水里，把游鱼叼到了口里。接着，它奋起翅膀，向天空飞去。

    "放下我！快放下我！"鱼儿感到呼吸困难，向鸟儿求救。可好心的鸟儿一心要拯救这只"可怜"的游鱼，它要让这鱼儿饱览高空美景，让它享受高空自由自在的生活，让它看看在森林中安家是一件多么惬意的事……

    可是，当鸟儿最后把鱼儿放在林中自己的鸟巢里时，鱼儿早已经断气了。

给鱼离开水的自由，也就是给了它死亡。人与人的差异或许就如同飞鸟与游鱼的差异。

人生在世，各有各的位置，各有各的价值，各有各的世界观，各有各的人生观，各有各的价值观。把别人当别人，也就是说，要充分尊重每个人的独立性，尊重他人的人格和隐私。在任何情况下，都不能侵犯他人合法的行为和思维的空间，也不能把自己的思想强加于人。

成长启迪：

智慧心语：

己所不欲，勿施于人。

——孔子

上帝本就没有光环

　　1961 年 4 月 12 日，当加加林在太空飞完了 108 分钟，按下"25"那个神秘密码以后，"东方——1 号"飞船降至距离地球地面 700 米的高空。随之，加加林成功跳伞，平安地落回了地球。这个 25 岁的矮个儿上尉，代表人类圆满地完成了探索太空的第一次飞行！

　　几分钟后，消息在全球炸开。世界各大电台、报纸竞相报道这位一夜升空的超级明星。接着，他与火箭之父科罗廖夫并肩坐在了一起，与苏共中央总书记赫鲁晓夫握手、交谈，与政要、名人拥抱举杯。大小勋章挂满了他的胸前，他的军衔从上尉升至少校，接着成了茹科夫斯基军事学院学子，然后又进了高等军事学院研究生院学习，连他的微笑也有了传奇色彩，向后梳的头发也成了迷人的时尚。他走到哪里，都有人硬要与他交朋友，无论到哪里都有盛宴款待。

　　以前，他认为赫鲁晓夫简直是神，到这时候，他发现是神的还有他自己——尤里·加加林！

　　于是，他常常无视法规，驾着国家赠送给他的伏尔加小轿车在街道上飞奔，甚至因为喜欢上了一位护士而不顾影响地从大楼窗口飞身跳下。

　　有一天，他又闯红灯了。这一回，他的伏尔加撞翻了另一辆汽车，两辆车毁得不成样子，幸好他和另一位司机都只受了点轻伤。赶到出事地点的警察自然一眼就认出了加加林，连忙举手行礼，冲着他笑，并当即保证"追究肇事者的责任"。而站在一边的那位受害的退休长者虽然受了伤，但见到面前立着的是加加林，也赔起了笑脸。随后，警察拦下一辆过路汽车，嘱咐司机将加加林安全送到目的地。下一步，则准备将全部责任记在老人身上。

　　加加林坐上了车子，但老人的苦笑和伤势却在他的脑海中挥之不去，让他无法释怀的是：原来，英雄也有致命的时候，也会让执法者颠倒黑白，也可能让一位退休长者违心顶罪。这一刻，加加林的淳朴本性复苏了，他

让司机迅速开回出事地点，在警察和老人面前诚恳地认错，帮助老人修好了汽车，并承担了全部费用。

成长启迪：

本来连上帝也没有光环，都是周围人特别是好心人加上去的。光环加足了，再平凡的人也可能成为上帝；但只要去了光环，上帝和凡人也没有两样。

所以，不要轻易挥霍别人加在你头上的光环，否则，你会发现，当光环完全消失的时候，你的人生意义与价值也就不复存在了。而你，也将被孤立起来，被别人视为"不可侵犯"，你的名声可能也因此尽毁。

智慧心语：

不管是好事还是坏事，自己清楚就足够了。做人要低调。

——佚名

丑陋的鸡

有位养鸡场的主人，向来讨厌传教士，因为他觉得大多数传教士讲的是一套，做的又是一套，道貌岸然。尤其有些家伙，满口仁义道德，私底下却干些见不得人的勾当，更让他义愤填膺，咬牙切齿。

为了满足"替天行道"的正义感，养鸡场主人有事没事，就喜欢信口散布传教士的坏话。

有一天，有两个传教士上门，说要买只鸡。生意上门，总不好往外推，主人让他们在偌大的养鸡场里挑了半天，没想到他们却挑中了一只几乎秃头又跛脚的公鸡。

主人奇怪得很，便问他们为什么要买这只丑陋难看的公鸡。其中一位传教士回答："我们想把这只鸡买回去养在修道院院子里，路过的人看见要问起的话，我们就说这是你的养鸡场养出来的鸡。"

主人一听，急了，连忙摇手："不行，不行！你们看看我这养鸡场里面的鸡，哪一只不是养得漂漂亮亮、肥肥壮壮的，就这一只不知道怎么搞的，一天到晚爱打架，才会弄成这种丑模样，你们拿它对外当我的农场代表，别人会误会我的鸡都这样，对我实在太不公平了！"

另外一位传教士笑嘻嘻地回答："对呀！少数几个传教士行为不检点，你却喜欢拿他们来当代表，对我们来说，也同样太不公平了吧？"

每件事情都有两面性，每个人也都有长处和短处。我们不该只看到他人的短处，而忽略他们的长处，更不应该轻视别人的短处，对他们随意贬低嘲笑。否则，你很容易得罪同学，也很难获得他人的喜爱。

成长启迪：

智慧心语：

千万不要去嘲笑不幸的人，谁能保证自己永远幸福呢？

——卡耐基

给别人让路就是给自己让路

有一个绅士在过独木桥，刚走几步便遇到一个孕妇。绅士很礼貌地转过身回到桥头让孕妇过了桥。孕妇一过桥，绅士又走上了桥。走到桥中央遇到一位挑柴的樵夫，绅士二话没说，回到桥头让樵夫过了桥。第三次他再也不贸然上桥，而是等独木桥上的人过尽后，才匆匆上了桥。眼看就要到桥头了，迎面赶来一位推独轮车的农夫。绅士这次不甘心回头，于是摘下帽子向农夫致敬："亲爱的农夫先生，你看我就要到桥头了，能不能让我先过去呢？"农夫不干，把眼一瞪，说："你没看到我推车要赶集吗？"两人话不投机，开始争执起来。

这时，河面飘来一只小舟，舟上坐着一个胖和尚。和尚刚到桥下，两人不约而同请和尚给他们评理。

和尚双手合十，看了看农夫，问他："你真的很急吗？"农夫答道："我真的很急，晚了便赶不上集了。"和尚说："你既然急着去赶集，为什么不尽快给绅士让路呢？你只要退那么几步，绅士便过去了，他一过，你不就可以早点过桥了吗？"

农夫一言不发，和尚便笑着问绅士："你为什么要农夫给你让路呢？就是因为你快要到桥头了吗？"绅士争辩道："在此之前我已经给许多人让了路，如果继续让农夫的话，便过不了桥了。"

"那你现在是不是就过去了呢？"和尚反问道，"你既然已经给那么多人让了道，再让农夫一次，即使过不了桥，最起码保持了你绅士的风度，何乐而不为呢？"绅士听后，满脸通红。

成长启迪：

　　学会礼让，对于我们每个人来说都很容易。举手之劳，于己于人于社会有百利而无一害，我们又何乐而不为呢？一个宽松的人际关系需要我们自己去创造，一个祥和的文明环境需要每个人都学会礼让。只要人人都有一点礼让，世界就会变成美好的人间。

智慧心语：

礼让不费什么，而得到一切。

——蒙塔鸠

花季密语
别人给你"戴高帽"怎么办

"戴高帽"也叫扣高帽，从字面理解就是故意抬高别人，讨人欢心。在生活中，总有一些人为达到某种目的，而不吝溢美之词，给别人"戴高帽"。

"戴高帽"与赞美，二者表面上看来都是褒扬、夸赞对方，却有着本质上的区别。赞美对方一般是真诚、实事求是的，常常是有一说一；而"戴高帽"则不同，它是说话者为了达到某种目的，故意恭维、吹捧对方，而且言过其实，能把一棵小苗形容成一棵参天大树。

当对方给你"戴高帽"时，如果你不保持清醒的头脑，对自己有个中肯的评价和认识，就很容易在对方一番溢美之词的轰炸下，得意忘形，还会给自己带来麻烦。

初三（5）班的毛文猛性格豪爽，身材魁梧，特别喜欢体育运动。这天下午，他与邻班的十余位同学在操场上踢足球。他表现得十分勇猛，很快便踢进了一个球，使得球队暂时领先。中场休息时，几个队员围坐在一起，聊着刚才的战况。

邻班的张得浩看毛文猛眉飞色舞，便凑过来跟他套起了近乎，开始将廉价的高帽一顶又一顶地往毛文猛头上戴："哥们儿，你真是身手不凡呀，你跑起来就像离弦之箭。咱们队要是没有你的那个进球，肯定是一败涂地，我看哪，球场上离了你还真不行！"

毛文猛听了心里美滋滋的，洋洋得意地说："我是为荣誉而战，如果我不积极拼抢，咱们队还不得遭受对方的'胯下之辱'？输球是小事，丢脸是大事，咱可丢不起那人！"

"精辟！"张得浩竖起了大拇指，"跟你这样的哥们儿在一个队里踢球可真是幸运，以后再踢球，我坚决追随你。你就像鲁尼、小罗纳尔多一样，到哪个队都能成为队里的核心人物！"

张得浩将毛文猛跟世界一流的足球明星相提并论，毛文猛的心里乐开了花，"尾巴"也翘上了天："我的目标就是跟他们一起踢球，像他们一样成为世界一流球员。哥们儿，你就好好跟我玩吧，咱不但要当队友，还要做好兄弟，以后有什么事你说一声就是！"

一番话正中张得浩下怀，他赶紧提出自己的真实要求："老大，我还真有一事相求，我们班有个小子跟我抢'女朋友'，你是个有血性、有正义感的人，总不能看着兄弟丢了面子坐视不管吧？你要是把我当兄弟，今天踢完球，就替我去好好修理他一下。不知这个忙你能不能帮兄弟一把？"

"哼！我最看不惯这种事，丢什么也不能丢面子，兄弟，遇到这种事，坐视不管不是我的性格！你看我这拳头，能把他拍扁喽！"毛文猛挥舞着粗壮的胳膊，"义愤填膺"地说。

"够哥们儿！"张得浩眼睛笑成了一条缝。再次冲毛文猛高高地竖起了大拇指。

第二天，毛文猛在张得浩的怂恿下，将一名男生打得头破血流的恶性事件迅速传遍了校园。老师和受伤同学的家长极为生气，毛文猛被命令叫来家长，并为受伤者掏医药费、公开道歉，这件事的影响很恶劣。

毛文猛像霜打的茄子，失去了前一天的威风和神气，对自己的行为懊悔不已。同学们看他的眼神都怪怪的，甚至有些女生也躲着他走，生怕一不小心而成为他拳头下的"镇关西"。

大家看，张得浩出于想拉拢毛文猛帮自己出气的目的，言不由衷地恭维、夸大其词地赞美性格豪爽的毛文猛，并不厌其烦地为他戴上一顶顶高帽，使得毛文猛的个人英雄主义在心里无限膨胀，江湖意气随着血脉贲张。结果，毛文猛得意忘形，忘记了是非标准，失去了理智，做出了助纣为虐的糊涂事。既伤害了同学，也给自己带来了麻烦和损失。

中学生的这个年龄段，正处于青春期，年轻气盛，往往是"初生牛犊不怕虎"。由于是非判断力不强，因此，在与人交往时，尤其应注意分辨黑白对错，理智行事。面对别人言过其实的恭维或褒扬，不能得意忘形。一定要头脑清醒，冷静分析，否则很容易犯错误。

9 找到生命中的贵人

这些年一个人 风也过雨也走
有过泪有过错 还记得坚持什么
真爱过才会懂 会寂寞会回首
终有梦终有你在心中
朋友一生一起走 那些日子不再有
一句话一辈子 一生情一杯酒 朋友不曾孤单过
一声朋友你会懂 还有伤还有痛 还要走还有我

——《朋友》周华健

靠近给自己带来帮助的人

　　一个人闲来无事，出去散步，在他观赏景物的时候，无意间发现路旁有一堆泥土，土堆中竟然散发出非常芬芳的香味。他很喜欢这种香味，于是用一个袋子将这堆土装回家去，放在角落里。一时之间，他的家中竟然满室香气。

　　这个人非常惊讶，不知道为什么会这样，禁不住问这堆泥土："为什么你能散发出持久浓郁的香味，难道你是一种珍宝，或是一种稀有的香料？"

　　泥土说："都不是，我只是一块普通的泥土而已。"

　　这个人更加奇怪了："如果是这样的话，你身上为什么会散发出如此浓郁的香味呢？"

　　泥土说："哦，是这样的，我曾在玫瑰园，和玫瑰相处过很长的一段时期。"

近朱者赤，近墨者黑。呆在一个什么样的环境里，自己就会变成一个什么样的人。我们应该靠近那些能给自己带来帮助的人，使自己变成一个有用的人。作为一名中学生，理应考虑到自己的精力和身份特点，选择与那些对自己学习、成长、生活有益的人交朋友。如果你结交那些不务正业、游手好闲的朋友，除了过多地消耗你并不宽裕的时间和精力外，又能给你的学习和成长带来多大的益处呢？你的青春之路又怎会越走越宽呢？

智慧心语：

友谊往往是由一种两个人比一个人更容易实现的共同利益结成的，只有在相互满足时这种关系才是纯洁的。

——斯特林堡

人参果的味道

　　四个刚得道的仙人都想知道人参果到底是什么味道，于是分别找到了唐僧师徒四人。

　　第一个仙人回来后说："人参果味道甘美，非常好吃。"

　　"的确如此。"第二个仙人说。

　　第三个仙人也连连点头，表示赞成。

　　只有第四个仙人反驳道："人参果吃起来滑溜溜的，根本没什么特别的味道。"

　　于是两边争论不休，最后他们跑到南极仙翁那里要问个究竟。

　　南极仙翁想了一下，问道："你们是怎么知道的？"

　　"我问的唐三藏。"

　　"我问的孙悟空。"

　　"我问的沙悟净。"

　　"那你呢？"夫子问第四个仙人。

　　"我问的是猪八戒。"

　　仙翁微笑道："这就对了，当年猪八戒吃人参果时连嚼都没嚼，他如何得知真正的味道呢？"

成长启迪：

交友就像吃人参果，一定要有目的性。猪八戒因为囫囵吞枣，吃人参果不带着品尝果实味道的目的，结果第四个仙人当然从他那里得不到正确答案。

此外，交友不能盲目地扩大自己的交际圈，"捡到篮里都是菜"；交友不能"照单全收"，要把好"精选"这道关，即选择那些真诚宽厚、知识渊博之人进行交往，筛掉那些品行不端、腹中无物之人……一言以蔽之，如果说交友是一门学问的话，那么，择友也是一门艺术。

朋友在精不在多，敬请同学们擦亮眼睛，谨慎遴选，交益友弃损友，亲贤者远小人。如此，才能让你的人生之路越走越宽、越走越平坦。

最靠近你的人常常对你的影响也最大。接近善良的人，你会更有爱心；接近乐观的人，你会更加豁达。所以交朋友时，慎重为第一。

智慧心语：

如果说，友谊能够调剂人的感情的话，那么友谊的又一种作用则是能增进人的智慧。

——培根

第十一次敲门

瑞德公司的面试通知，像一缕阳光照亮了克里弗德焦急期待工作的心。

面试那天，克里弗德精心地梳洗打扮了一番，又换了一条新领带，以祝福自己好运。上午10点钟，他走进了瑞德公司人力资源部。

等秘书小姐向经理通报后，克里弗德静了静心，提着手提包来到经理办公室门前，轻轻地敲了两下门。

"是克里弗德先生吗？"屋里传出询问声。

"经理先生，您好！我是克里弗德。"克里弗德慢慢地推开门。

"抱歉，克里弗德先生。你能再敲一次门吗？"端坐在沙发转椅上的经理悠闲地注视着克里弗德，表情有些冷淡。

经理先生的话虽令克里弗德有些疑惑，但他并未多想，关上门，重新敲了两下，然后推门走进去。

"不，克里弗德先生，这次没有第一次好，你能再来一次吗？"经理示意他出去重来。

克里弗德重新敲门，又一次踏进房间。

"先生，这样可以吗？"

"这样说话不好……"

克里弗德又一次走进去："我是克里弗德，见到你很高兴，经理先生。"

"请别这样。"经理依然淡淡道，"还得再来一次。"

克里弗德又作了一次尝试："抱歉，打扰您工作了。"

"这回差不多了，如果你能再来一次会更好，你能再试一次吗？"

当克里弗德第十次退出来时，他内心的喜悦和憧憬已消失殆尽，开始有些恼火。心想，进门打招呼哪有这么多讲究？这哪是招聘面试呀，分明是在刁难戏弄人。

克里弗德生气地转身离开，可刚走几步又停了下来。不行，我不能就这样逃开，即使瑞德公司不打算录用我，我也得听到他们当面对我说。

于是，克里弗德稍稍地舒了一口气，第十一次敲响了门。这次，他得到的不是拒绝，而是热烈欢迎的掌声。克里弗德没有想到，第十一次敲门，叩开的竟是一扇成功之门。

原来，瑞德公司此次是打算招聘一名市场调查员。而一名优秀的市场调查员，不仅要具备学识素质，更要具备耐心和毅力等心理素质。这十一次敲门和问候就是考查一个人心理素质的考题。

成长启迪：

生活里的苛责和难堪虽然令人不舒服，可是，如果你肯用耐心去化解，用毅力去稀释，用理智去包容，它也许就是你走向成功的垫脚石。并不是所有的人都能够成为我们生命中的那个贵人，也并非所有的人都会欣赏和喜欢你。好的人际关系是靠努力和耐心培养起来的，只有这样，你才能够成为人人喜欢的"交际明星"。

智慧心语：

胜利的道路是迂回曲折的。像山间小径一样，这条路有时先折回来，然后再伸向前去；像山间小径一样，走这条路的人需要耐心和毅力。累了就歇在路边的人是不会得到胜利的。

——尼克松

感赠汪伦

　　唐朝的汪伦，出生在安徽泾川一个富裕的家庭里。他性格爽朗，饱读诗书，特别喜欢结交那些与他意气相投的朋友。他对李白仰慕已久，认为李白是意趣高雅的侠士，一直希望跟他切磋诗文，学习写诗填词的本事。

　　一日，他得知李白将要路过安徽，便费尽心思，想要挽留李白。但他知道李白向来狂放不羁，一般的邀请对方肯定不屑于赴约。于是，汪伦绞尽脑汁思索了半天，想起人们曾说过李白的四个爱好："一爱桃花二爱酒，三爱作诗四爱走。"如果自己投其所好，说不定可以让他停下脚步。不一会儿，他就想出了一个好主意。

　　很快，李白收到了汪伦写来的一封信。信中，汪伦热情洋溢地邀请李白在泾川驻留几日："敬闻你喜欢桃花和美酒，我们泾川风景优美，十里桃花，远近闻名。美酒飘香，万家酒店一定让你流连忘返。欣闻你将经过此地，诚请你不辞辛劳，前来游赏，你将不枉此行。"

　　李白看到信后，非常高兴。十里桃花将是怎样一副迷人的景致呢？若可以卧醉于一万家酒店，那岂不是人间天堂？这个诱惑实在是太大了。李白当即改变既定的行程，到了泾川，就径直寻汪伦去了，只是疑惑一路上并没有见到信中描述的景象。

　　一见面，汪伦深深地作揖，向李白道歉说："请原谅我对你的欺骗。信中所说的十里桃花，并不是真有桃花，而是距离此处十里远的地方有一个深潭，叫做桃花潭；所谓的万家酒店，也不是真有一万家酒店，只是店主姓万，俗称万家酒店。"

　　李白大失所望，不禁问道："那你为何邀请我到这个地方来呢？"

　　汪伦诚恳地说："久闻你的大名如雷贯耳，我早就想一睹你这位豪侠之士的风采，想和你交朋友。想来想去，只有投其所好，编出这段话引诱你。"

　　李白听后爽朗地大笑起来，为汪伦的一片诚心感动不已，心中郁积的不快和失望很快就一扫而空了。再看看面前的汪伦，风流倜傥，透出一丝

儒雅之气，也非庸俗之辈，更备感欣慰。

两个人一起谈诗论剑，饮酒对歌，汪伦把李白照顾得无微不至。不知不觉半个月过去了，分别的时候到了，汪伦送给李白十匹锦缎和大量物品，依依不舍地为李白送行。李白对他的热情款待心怀感激，写了一首诗来答谢他，这就是流传千古的《赠汪伦》：

李白乘舟将欲行，

忽闻岸上踏歌声。

桃花潭水深千尺，

不及汪伦送我情。

汪伦很懂得挑选朋友，他为了扬长避短，提升自己的素质，根据自己的兴趣，真心诚意地和学识渊博、闻名遐迩的李白交往。同学们不妨学习汪伦的交友艺术，这样不但可以升华自己的志趣和心智，还可以交结更多的朋友。

成长启迪：

"人以类聚，物以群分"，选择朋友要注重了解其志向，体察其情趣，选择志同道合、情趣相投者。作为学生，我们更要结交志趣相投的"同道"为朋友。因为相同的志向和情趣，是联系人与人交往的纽带，这种朋友才可以和我们一起谈理想、论志向，相互说烦恼心事，相互鼓励支持。

智慧心语：

名誉，美酒，爱情，都不及可以让我感到幸福的友情更珍惜。

——赫尔曼·黑塞

一件小事与两个伟人

一天，英国的一个名叫弗莱明的贫苦农民正在田里干活。忽然，附近沼泽地传来呼救声，农夫赶忙放下手中的农具，奔向沼泽地。只见一个小孩儿正在泥潭中挣扎，淤泥已经没到他的腰部。农夫奋不顾身地救起了小孩儿。

第二天，一辆豪华小汽车停在了农夫劳作的田边，一位风度优雅的英国贵族下车后，向农夫自我介绍说，他是被救小孩的父亲，是亲自前来致谢的。

农夫说："这件事不足挂齿。"

贵族说："我想用一笔酬金来报答你，你救了我孩子的命。"

农夫回答说："我不要报答，我不能因为做了一点事情就接受酬金。这是我应该做的。"

这时候，农夫的儿子刚好走出家门。

"这是你的儿子吗？"贵族问道。

"他是我的儿子。"农夫回答说。

贵族说："我给你提一个建议，让我把你儿子带走，我要给他提供最好的教育。如果他像他的父亲，他一定能成为令你骄傲的男子汉。"

农夫同意了。

时光飞快地流逝，农夫的儿子从医学院毕业后，成为享誉世界的医生。数年以后，贵族的儿子因肺炎病倒了，经过注射青霉素，他的身体痊愈了。

那个英国贵族名叫伦道夫·丘吉尔，他的儿子便是在"二战"期间担任英国首相，领导英国人民战胜了纳粹德国的温斯顿·丘吉尔。农夫的儿子就是青霉素的发明者亚历山大·弗莱明。

这件"不足挂齿"的事情改变了世界历史。

成长启迪！

弗莱明的父亲是个很平常的人，他从沼泽中救起小孩儿也是一个很平常的善举。然而，正是这么一个很平常的人，一个很平常的善举，改变了两个人的命运，从而也改变了世界上千千万万人的命运！更确切地说，改变人们命运的，不是一个人，一件事，而是一种精神，一种品质，那就是：善良。

智慧心语：

赠人玫瑰之手，经久犹有余香。

——印度谚语

铁壶和陶壶

陶壶是主人要装水时买回来的，而铁壶则是用来装未燃尽的木炭的。他们先后被主人带到了这个家里，只是在不知不觉中，陶壶和铁壶都闲着没事干，现在就在仓库里打发无所事事的日子。

有一天，铁壶对陶壶说："我们结伴去旅行吧！"

陶壶不知道铁壶为什么会忽然发出这个邀请，而且还要特意邀请自己。陶壶想了想：可能是因为我和它形状相同吧，可是我们的用途大不一样啊？

思考再三，陶壶还是委婉地谢绝了，因为它知道，老老实实地待在炉火旁是自己最明智的选择。对自己来讲，哪怕稍有点磕碰或出现什么意外就可能粉身碎骨，变成一堆碎片。

陶壶说："你要比我硬朗得多，没有什么能使你受损，而我就不行了，你的好意我心领了。"

"我可以保护你，"铁壶说，"假如有什么硬东西要撞到你，我可以将你们隔开，你不就可以安然无恙了吗？"

陶壶觉得铁壶说得有道理，就同意与铁壶结伴上路。两个三条腿的家伙一瘸一拐地在路上行走，稍有磕碰，两者就撞在了一起。陶壶难受死了，还没来得及抱怨，就已被它的保护者撞成了一堆碎片。

成长启迪！

人生活在社会上，最好选择和自己志趣相近、条件相当的人当朋友，只有这样才能长久而和睦地相处，而不至于随时存在分道扬镳的可能。

智慧心语：

没有比无知的朋友更危险的了。

——拉封丹

贵人无处不在

这是发生在美国的一个真实故事：一个风雨交加的夜晚，一对老夫妇走进一间旅馆的大厅，想要住宿一晚。

无奈，饭店的夜班服务生说："十分抱歉，今天的房间已经被早上来开会的团体订满了。若是在平常，我会送二位到其他有空房的旅馆，可是那样做的话，你们又要再一次置身于风雨中，你们今晚可以住在我的房间，它虽然不是豪华的套房，但是还是蛮干净的，因为我必需值班，我可以待在办公室休息。"

这位年轻人很诚恳地提出这个建议。

老夫妇大方地接受了他的建议，并对服务生表示感谢。

隔天，雨过天晴，老先生要前去结账时，柜台仍是昨晚的这位服务生，这位服务生依然亲切地表示："昨天您住的房间并不是饭店的客房，所以我们不会收您的钱，也希望您与夫人昨晚睡得安稳！"

老先生点头称赞："你是每个旅馆老板梦寐以求的员工，或许改天我可以帮你盖栋旅馆。"

几年后，当年那位服务生收到一位先生寄来的挂号信，信中说了那个风雨夜晚所发生的事，另外还附一张邀请函和一张纽约的来回机票，邀请他到纽约一游。

在抵达曼哈顿几天后，服务生在第5街及34街的路口遇到了这位当年的旅客——老先生。此时，这个路口正矗立着一栋华丽的新大楼，老先生说："这是我为你盖的旅馆，希望你来为我经营，记得吗？"

这位服务生非常吃惊，说话突然变得结结巴巴："你是不是有什么条件？你为什么选择我呢？你到底是谁？"

"我叫做威廉·阿斯特，我没有任何条件，我说过，你正是我梦寐以求的员工。"

这旅馆就是纽约最知名的华尔道夫饭店。这家饭店在1931年启用，

是纽约极致尊荣的地位象征，也是各国的高层政要造访纽约下榻的首选。

当时接下这份工作的服务生就是乔治·波特，一位奠定华尔道夫世纪地位的推手。

成长启迪：

是什么样的态度帮助这位服务生改变了他的职业生涯？毋庸置疑的是他的诚恳和热心令他遇到了生命中的"贵人"。如果当天晚上是另外一位服务生当班，会有一样的结果吗？

经营人脉的"脉客"们苦心经营的无非是能在关键时候帮助我们的"贵人"。其实，"贵人"无处不在。人间充满着许许多多的因缘，每一个因缘都可能将自己推向另一个高峰，不要轻视任何一个人，也不要疏忽任何一个可以助人的机会，学习对每一个人都热情以待，学习把每一件事都做到完善，学习对每一个机会都充满感激。到最后，或许我们就是自己最重要的贵人。

智慧心语：

创业一定要有贵人相助。

——张朝阳

寻找贵人的速成法

四十多年前，一个十多岁的穷小子，生活在贫民窟里，他身体非常瘦弱，却在日记里立志长大后要做美国总统。但怎样才能实现这样宏伟的抱负呢？年纪轻轻的他，经过几天几夜的思索，拟定了这样一系列的连锁目标。

做美国总统首先要做美国州长→要竞选州长必须得到雄厚的财力后盾的支持→要获得财团的支持就一定得融入财团→要融入财团就最好娶一位豪门千金→要娶一位豪门千金必须成为名人→成为名人的快速方法就是做电影明星→做电影明星前得练好身体，练出阳刚之气。

按照这样的思路，他开始步步为营。某日，当他看到著名的体操运动主席库尔后，他相信练健美是强身健体的好点子，因而萌生了练健美的兴趣。他开始刻苦而持之以恒地练习健美，他渴望成为世界上最结实的壮汉。三年后，借着发达的肌肉，一身似雕塑的体魄，他开始成为健美先生。

在以后的几年中，他囊括了欧洲、世界、全球、奥林匹克的健美先生。在22岁时，他踏入了美国好莱坞。在好莱坞，他花费了十年，利用在体育方面的成就，一心去表现坚强不屈、百折不挠的硬汉形象。终于，他在演艺界，声名鹊起。当他的电影事业如日中天时，女友的家庭在他和女友相恋九年后，也终于接纳了他这个"黑脸庄稼人"。他的女友就是赫赫有名的肯尼迪总统的侄女。

十几个春秋过去了，他的婚姻生活非常美满，他与太太生育了四个孩子，建立了一个"五好"家庭。2003年，年逾五十七岁的他，退出了影坛，进军政坛，成功地竞选成为美国加州州长。

他就是阿诺德·施瓦辛格。

事实上，贵人不会从天而降，只有自己的努力才会吸引贵人的帮助。

成长启迪：

遇上贵人就像中彩票一样难得，如果你不努力去寻找贵人，那么你一辈子也可能遇不到生命中的贵人。施瓦辛格深深明白这个道理，他分解目标，一步步行动，最终顺利遇上能给他事业以极大帮助的"贵人"——他的妻子，肯尼迪总统的侄女。同学们，在交友的过程中也要注意这个问题，懂得为自己创造遇到贵人的机会。

智慧心语：

现实是此岸，理想是彼岸，中间隔着湍急的河流，行动则是架在河上的桥梁。

——克雷洛夫

217

忘恩负义的朋友

有两个男人来找心理学家拉比，一个说："我的这个朋友忘恩负义，当初他有急事需要钱用，我毫不犹豫地借给了他。然而，我万万没有想到，等到还钱的时候，他竟然说只向我借了20万元，而我明明借给他50万元。"

而另一个却说："我向他借了20万元，他竟然一口咬定是50万元，这也太离谱了吧！"

双方各执己见，互不相让。

拉比先与他们分别进行了一番谈话。然后，三人面对面，拉比说："明天你们俩再来一趟，听我裁决。"

这两个人走了以后，拉比找来了很多书进行查阅，想对这两个人的心理作深入的研究。因为要想解决这个问题，只有从心理入手。在犹太社会里，借钱是不立借据的，双方口头商定的就是协约。要有借据的话，就不会出现任何问题了。

拉比推测，如果第一个人没有借给第二个人50万元的话，为什么第一个人一口咬定是50万元，而不是60万元或者70万元呢？如果那个说只借了别人20万元的人是蓄意抵赖的话，此人大可以说一分钱也没有借。《犹太法典》中记载的教训是，说谎者一定会把谎话说到底。如果有人稍微说些不利于己的谎言，他的话将比较容易为人相信，而其中多少也含有一些诚实的成分。当两个当事者面对面争辩时，撒谎的程度将会减轻。

拉比又想，假如借钱的人当初借了50万元，可是还款期限到了手边却只有20万元，所以只说借了20万元，这种可能不能排除。另外一种可能是，债主的记性不太好，错把20万元记成了50万元。

第二天，两人再次来到拉比那里，拉比问借钱人："你确定只借了20万元吗？"

借钱的人点了点头。

拉比听了，沉思不语。

过了一会儿，拉比说："你的朋友非常富有，他并不缺钱，也就没有必要通过欺骗的方式弄钱。但是，若有第三者因为某种原因，比如说做生意缺少资金，而去向他借钱时，只因为你的背信而使他不再相信别人，你是否仍然坚持说只借了20万元？"

借钱的人依然没有改变他的立场。

"你敢不敢到礼拜堂去，把手放在旧约圣经上发誓，说你只借了20万元钱？"拉比进一步逼问。

借钱的人突然俯首承认，他确实借了50万元。

对犹太人来说，最庄严的事是到礼拜堂去，把手放在旧约圣经上发誓。在旧约圣经和神面前撒谎面不改色心不跳的人，恐怕只有职业罪犯了。

成长启迪：

有时候，最好的朋友就是你最大的敌人。朋友的欺骗所带来的伤害远远大于其他人的欺骗所带来的伤害。当然，欺骗行为终究会暴露的。所以，交友时要慎之又慎。

智慧心语：

志合者，不以山海为远；道乖者，不以咫尺为近。

——葛洪

真正的朋友

　　有个年轻的犹太人叫布赖斯，他想换份工作，一时又找不到合适的。他闲着没事干，打算回家乡的小县城去住一段时间，但又怕信息不灵，误了找工作的机会。因此在回去之前，他便请了一帮好朋友到餐馆去吃饭。

　　等到大家都吃得差不多的时候，布赖斯便趁机说出了自己的请求："我想请大家帮我留意一下招工信息。"

　　一个朋友红着脸说道："没问题，包在我身上，只要我帮你活动一下，就能很快找到一份轻松的工作。"

　　朋友们神情激昂，也纷纷向他保证，一有什么信息就马上通知他。

　　布赖斯看到朋友们如此激动，含着泪说："非常感谢大家！等我找到工作后，再请大家吃饭。"

　　这时，在旁边一直没有吭声的奥斯拉站了起来，向布赖斯劝酒，建议他回县城开一家店面，用心经营，这样既自在又舒服，比找那些工作强多了。此话一出，现场的热闹气氛顿时没了，大家把目光都投向了奥斯拉。

　　布赖斯听后非常不开心，心想：奥斯拉真不够朋友。于是，他只将联系电话告诉其他几个朋友，便垂着头离开了餐馆。

　　布赖斯回到县城，整天呆在家里无事干，人也像个霜打的茄子。妻子劝他在家看看书，写点东西什么的，不要总是没精打采的。可他老想着自己工作的事情，惦记朋友们帮他找到工作后打电话来。他往往写一会东西就会向电话机上瞧一眼。如果有事外出，一回来就慌忙去翻看电话的来电显示。然而，令他感到失望的是，等待他的依然是空白，布赖斯觉得日子好难挨。

　　半年后的一天晚上，布赖斯正在房间里看书。

　　这时，奥斯拉带着一身的寒气走了进来。布赖斯忙给朋友温了酒，责怪他不事先通知自己，这样就会去接他。奥斯拉说："你又不给我留个电话，我只有急匆匆地赶来。市晚报招记者，报名截止到明天中午，我是专门来告诉你这个消息的。"

后来，布赖斯去报名面试，最后被聘上了，在酒吧请朋友们喝庆祝酒。喝着喝着，其中的一个朋友大声说："晚报招聘广告登出来的时候，我就给你打电话了，是你太太接的。我就知道你一定能成功。来，我们来干一杯。"

布赖斯心里掠过一丝不快。

接下来，另一朋友说广告公司招人，打了好几次电话总是联系不上布赖斯。还一个说："IT通讯公司招业务主管，我还帮你报了名，打了几次电话都找不到你的人。"

每个人都说得非常动听，布赖斯的脸却越来越沉。这时，奥斯拉站了起来，举起酒杯说："为了布赖斯能找到一个好的工作，大家都出了不少力。现在大家不说这些，让我们举杯为布赖斯祝贺。来，干！"

"对，干！"声音嘈杂而高亢。布赖斯暗地里握住奥斯拉的手说："好朋友，干！"泪水在奥斯拉的眼里直打转，他看着布赖斯，好像要说点什么。但他看看眼前喝得醉气熏天的朋友们，最后什么也没说。

成长启迪：

当朋友遇到困难时，不论是物质上还是精神上，都应该给予帮助。或许在某一刻，你就成了你朋友的贵人，然而，如果与朋友相处的时候，只顾自己利益，舍不得为朋友多出一份力。那么，这样的友谊是难以维持的。

智慧心语：

事实上，每个人的朋友中都有先进的与落后的，问题在于我们怎样去帮助后进朋友，使他进步，切莫跟着他随波逐流，这才是真正的"够朋友"。

——谢觉哉

学会欣赏

　　1852 年秋天，屠格涅夫在打猎时无意间捡到一本皱巴巴的《现代人》杂志。他随手翻了几页，竟被一篇题名为《童年》的小说所吸引。作者是一个初出茅庐的无名小辈，但屠格涅夫却十分欣赏这篇小说，对之钟爱有加。

　　屠格涅夫四处打听作者的住处，最后得知作者是由其姑母一手抚养照顾长大的男孩儿。屠格涅夫找到了作者的姑母，表达自己对作者的欣赏与肯定。

　　姑母很快就写信告诉自己的侄儿："你的第一篇小说在瓦列里扬引起了很大的轰动，大名鼎鼎、写《猎人笔记》的作家屠格涅夫逢人便称赞你。他说：'这位青年人如果能继续写下去，他的前途一定不可限量！'"

　　作者收到姑母的信后惊喜若狂，他本是因为生活的苦闷而信笔涂鸦，打发心中寂寥的。然而，由于名家屠格涅夫的欣赏，竟一下子点燃了他心中自信的火焰。于是，他一发不可收拾地写了下去，最终成为享誉世界的艺术家和思想家。他就是列夫·托尔斯泰。

　　社会生活中，欣赏与被欣赏是一种互动的力量之源，欣赏者必具有愉悦之心，仁爱之怀，成人之美之善念；被欣赏者必产生自尊之心，奋进之力，向上之志。因此，学会欣赏别人是一种做人的美德。

从屠格涅夫的角度来讲：人要懂得欣赏别人，要懂得为别人喝彩。这既是一种智慧，也是一种美德；既是一种人格修养，更是一种高尚的境界。当你在欣赏赞美别人的同时，自己往往也能以人为镜，看出自己的不足，找出差距，从而不断提高素质能力和修养水平，不断地提高和完善自我。在把慰藉和力量给了别人的同时，也把激励和鞭策给了自己。

从托尔斯泰的角度来讲：生命不都是苦闷的，或许在你失意的时候，贵人就在你的生命中出现，引领你走向成功。

智慧心语：

我所遇见的每一个人，或多或少都是我的老师，因为我从他们身上学到了东西。

——爱默生

向比自己优秀的人

约翰·亚当斯是美国历史上的第二位总统，他为美国的独立立下过汗马功劳。

亚当斯在接替华盛顿就任总统时，美国与法国的外交关系正处于破裂的危险之中。到了 1797 年年底，两国剑拔弩张，战争一触即发。

经验告诉亚当斯，要打胜仗，必须要有得力的统帅来指挥。有很多人劝他亲自统帅军队，但他认为自己并不具备军事上的才能。思来想去，最终他认为华盛顿才是唯一能够唤起美国军魂、团结全美人民的统帅。最后，他下定决心请华盛顿出山。

亚当斯的亲信们得知后，一致表示反对。他们认为，如果华盛顿复出，会再次唤起人民对其的崇敬和留恋，这样势必对亚当斯的威望和地位造成威胁。

千军容易得，一帅最难求。亚当斯毫不动摇，认为国家的利益和命运高于一切。他授权汉尼尔顿给华盛顿写了一封信，请求华盛顿再次担当大陆军总司令，指挥美军反击入侵者。

与此同时，他又亲自给华盛顿写了一封信，信中诚恳地写到："当我想到万不得已要组织一支军队时，我就把握不准到底是该起用老一辈将领，还是起用一批新人，为此我不得不随时向你求教。如果你允许，我们必须借用你的大名去动员民众，因为你的名字要胜过一支军队。"

华盛顿接到信后很感动，表示愿意立刻肩负重任。幸运的是，就在华盛顿率军出征的前夕，亚当斯终于通过外交斡旋的途径同法国达成了和解。

这件事被美国人民传为佳话，亚当斯的正直与豁达也被广为传诵。后来，有位著名的记者采访他，问到："您为什么不怕华盛顿复出会再次唤起人民对他的崇敬和留恋，进而威胁您的威望和地位？为什么敢于起用比自己更优秀的人？"

亚当斯没有直接回答，而是给这位著名记者讲了自己少年时经历的一

件往事。

"小时候，父亲要我学拉丁文。那玩意儿真无聊，我恨得牙痒痒。因此，我对父亲说，我不喜欢拉丁文，能不能换个事情做？"

"好啊！约翰，"父亲说，"你去挖水沟好啦，牧场需要一条灌溉渠道。"

于是，亚当斯真的到牧场去挖水沟。可是，拿惯笔的人，拿不惯铁锹。挖水沟的第一天晚上，他就后悔了，整个身子疲惫不堪，只是他不愿意认错。于是，他咬紧牙关又挖了一天。傍晚时，他只好向父亲承认："疲惫压倒了我的傲气。"他终于回到了学拉丁文的课堂上。

在以后的岁月里，亚当斯一直记着从挖水沟这件事中得到的教训：必须承认人有所长，也有所短；人有所能，也有所不能。认为自己样样都行，实际上恰恰是自己的不自量力。

成长启迪！

真正出色的领导者，绝非事必躬亲，而是知人善任，特别是敢于起用比自己更优秀的人才。正是因为亚当斯知人善任，才能凭借众多的优秀人才，特别是凭借那些比自己更优秀的人才，一步一步地攀登上了成功的巅峰。学生也一样，善于团结周围有才能的同学，这样才能为自己营造出轻松又高效的学习环境，也能为自己的友谊圈增砖添瓦。

智慧心语：

人既尽其才，则百事俱举；百事举矣，则富强不足谋也。

——孙中山

225

5美元改变命运

　　乔伊斯在美国的律师事务所刚开业时，连买一台复印机的钱都没有。后来，移民潮一浪接一浪涌进美国，他接了很多移民的案子，经常在半夜的时候被唤到移民局的拘留所领人。他开一辆破旧的车，在小镇间奔波。经过多年的努力，他的事业得到了很大的发展，业务扩大了，处处受到礼遇。

　　但是，天有不测风云。乔伊斯所投资的股票几乎亏尽他的钱，更不巧的是，岁末年初，移民法又再次修改，职业移民名额削减，他的事务所顿时门庭冷落，几乎快要关门了。

　　正在此时，乔伊斯收到了一封信，是一家公司的总裁写给他的。信中说：愿意将公司30%的股权转让给他，并聘他为公司和其他两家分公司的终身法人代理。看完信后，他又惊又喜，不敢相信这是真的。

　　乔伊斯带着疑惑找上门去。

　　总裁是个40岁左右的波兰裔中年人，见到乔伊斯后，笑着问道："还记得我吗？"

　　乔伊斯摇摇头，总裁微微一笑，从办公桌的大抽屉里拿出一张很皱的5美元汇票，上面夹的名片印着乔伊斯律师的电话、地址。对于这件事，他实在想不起来了。

　　总裁看了看他，缓缓地说道："10年前，在移民局，我在排队办理工卡，当时人很多，我们在那里拥挤和争吵。当轮到我的时候，移民局已经快关门了。当时，我不知道申请工卡的费用涨了5美元，移民局不收个人支票，我身上没带钱，如果我再拿不到工卡，雇主就不会雇我了。就在这个紧急关头，你从身后递了5美元上来，我要你把地址留下，以后好还钱给你，你就给了我这张名片。"

　　乔伊斯也慢慢想起了这件事，但是仍将信将疑地问："后来呢？"

　　总裁继续道："后来我就在这家公司工作，很快我就发明了两个专利。我到公司上班后的第一天就想把这张汇票寄出，但是，我却一直没这么做。

我一个人来到美国闯天下，经历了许多冷遇和磨难。这5美元改变了我对人生的态度，所以，这张汇票是不能这么随随便便就寄出去的……"

乔伊斯做梦也没有想到，多年前自己的小小善举竟然获得了这样的回报。5美元，改变了两人的命运。

成长启迪：

主动帮助别人，是中华民族的传统美德，只有做人做事为别人着想，才会使双方都受益，而最大受益着，则是我们自己。同学们，只要我们时时刻刻为别人着想，大家互相关爱，我们的生活就会变得更加美好。我们这个大家庭也会更融洽。别忘了，帮助别人是快乐的源泉，我们要做个快乐的人！成功的人都把帮助别人当做一种习惯，因为，他善于帮助别人，乐于帮助别人，习惯于帮助别人，一旦他有需求的时候，别人也会主动来帮助他。

智慧心语：

帮助他人的同时也帮助了自己。

——爱默生

花季密语
同学之间，在竞争中实现双赢

这是个充满竞争的社会。在我们的学习生活中，学习排名、文体比赛，甚至课余爱好，无不充满着竞争。那么，作为中学生如何正确面对竞争，在竞争中实现双赢呢？

✴ 把对手当战友，在竞争中学会合作

竞争并不意味着"你死我活"，"在合作中竞争，在竞争中合作"可以让双方走向胜利，实现双赢。竞争者往往是理想的合作者，竞争与合作是统一的。没有合作的竞争，是散兵游勇式的竞争，缺乏凝聚力和向心力，很难取得更大的成功。

在班里，高天云和班昌璐是一对文艺明星，一个外号"百灵"，歌唱得特别好；另一个叫"孔雀"，舞跳得十分棒。她俩是班级的"名片"，同时也是竞争对手，都希望自己的表现能赢得最旺的人气。

为配合4月25日保护知识产权日，市里拟办一场声势浩大的晚会，学校准备排一个节目参演。校长把这个光荣任务交给了他们班。高天云和班昌璐知道消息后，都不愿错过这个表现自己、为学校争光的机会，主动向班主任请缨。这可让班主任犯了难：高天云的独唱在学校里数一数二，而班昌璐的独舞也是无人能比，但节目只有一个，究竟让谁去好呢？

正在班主任犹豫不决之际，高天云突然灵机一动，主动找到班昌璐，说："咱俩都别争了，你看咱们合作个歌舞节目怎么样？我唱你跳，把咱俩的优势同时展现出来……"班昌璐欣然应允。

一周后，她俩合作的歌舞节目《蝴蝶泉边》，在晚会现场好评如潮，她俩既表现了自己，又为学校赢得了荣誉，也为彼此留下了一段闪光的记忆。

在机会和荣誉面前，作为竞争对手，一般都不愿主动放弃，这是可以

理解的。但善于在竞争中合作，就会摆脱"不是你死，就是我活"的局面，实现双赢。高天云和班昌璐，在竞争中善于合作，优势互补，强强联合，从而在竞争中实现了双赢。她俩的成功告诉我们，没有合作的竞争容易造成孤立，导致同学关系紧张，给自己平添许多烦恼，甚至导致两败俱伤。

＊ 把别人当朋友，在竞争中学会分享

为了自己的利益而跟别人争胜，这无可厚非，但在竞争时要善于与竞争对手携手共进，分享你的成败经验、别人所不具备的优秀资源以及喜悦、成功等，这样才能共同进步，实现双赢。一个懂得在竞争中与别人分享的人，也会更容易在竞争中超越自我，走向成功。

隋源和郝菲菲两人，一个是初三（7）班的英语课代表，一个是语文课代表，同时他们是一对竞争对手。每次考试，他俩都是班里雷打不动的前两名，不是你第一就是我第一。两人平时你追我赶，唯恐落后。尽管这种看不见的竞争十分激烈，但两人在竞争中并没有对对方采取贬低和仇视的态度，而是十分健康地去竞争。

一次，隋源买了一本资料，便主动对郝菲菲说，我今天买了一本《黄冈题库》，里面介绍的对 XX 题型的解法很巧妙，你要不要看看？郝菲菲高兴地把书借回家细细学习。还有一次，郝菲菲的作文在某刊征文比赛中获了奖，她也真诚地对隋源说："我作文获奖了，和你一起分享喜悦啊。"于是她一五一十地向他介绍了自己的写作过程，以及自己领悟出来的作文之道。隋源也都把她的成功经验牢牢记在心底……

就这样，两人在竞争中分享资源、分享经验、分享喜悦，互相取长补短，共同提高。虽然他俩是班里的前两名，成绩却比第三名要高出一大截。

将自己的好东西、领悟出来的经验拿出来与别人分享，本身就是一种善意的付出。隋源和郝菲菲在竞争中善于分享，在分享中互相取长补短，结果促成了两人在竞争中共同提高。这种双赢的结果是我们都非常渴望看到的。

他俩的经历启示我们，在竞争中，总想独领风骚的人，功利心太强，他体味不到在分享中进步的快乐；一心打压对手、唯恐对手超过自己的人，心胸太过狭窄，他不会以一种健康的心态参与竞争，也很难在竞争中取得

更大的成功。

＊把同学当手足，在竞争中学会关爱

中国有句俗话：一辈子同学三辈子亲。这充分阐述了同学之间情同手足的关系。在校园里，我们在与同学竞争时，一定不能把竞争对手当作"眼中钉、肉中刺"，要像对待手足一样关怀、爱护他。尤其当对手在竞争中遇到困难陷入窘境，或处于明显劣势时，你也不能置之不理，甚至落井下石，而是要给予力所能及的关爱或帮助。

高一（1）班的安家明和高一（3）班的姚翔，在各自班里都有"小刘翔"之称，而且都是名声在外。

在进入高中的第一次运动会上，他俩站在同一起跑线上，成了一对竞争对手。一声枪响，二人像离弦的箭一样冲了出去，赛场上加油助威声雷动。可就在安家明快到终点时，和他不相上下的姚翔因没有把握好落脚姿势，突然失去平衡，向安家明这边倾斜过来，然后重重摔在地上。这时的安家明可谓胜券在握，但他在闪念之间却作出了出人意料的决定，他停止了冲刺，回过身来扶起了受伤的竞争对手姚翔，把他送到了场外。

尽管安家明没有赢得比赛的胜利，但他在紧要关头对竞争对手的关爱行为却深深感动了全校师生。运动会后，校长总结说，这场运动会不但赛出了水平，也赛出了风格，还为安家明颁发了"最佳风尚奖"。这样一来，安家明同样为高一（1）班争得了荣誉。姚翔呢，虽然受了点伤，却在对方的真挚关爱中赢得了友情。俩人实现了双赢。现在，安家明和姚翔成了一对好朋友，在校园里相处得像亲兄弟一样，可谓"情同手足"。

对待同学像对待自己的手足一样，会让你在竞争中多一些关爱之心，最终赢得更多的成功机会。安家明这种良好的竞争意识是值得我们学习的，虽然他没有赢得赛场上的胜利，但他所表现出的对竞争对手的关爱，让他赢得了"道德比赛"的胜利，赢得了情同手足的同学情谊。安家明与姚翔的故事告诉我们，虽然我们生活在一个充满竞争的社会，但我们也不应该为了竞争而放弃关爱他人。要相信，这个社会是不会亏待那些懂得友善、关爱的人的。

　　有人说，竞争是残酷的、无情的，甚至是充满血腥的，他只看到了事物的一面，却没有看到，竞争同样也可以是充满温情的。同学们，只要你与对手善于合作、学会分享与关爱，同样能在竞争中实现双赢。

10 为自己留一片阴凉

看细雨散散落下
慢慢地落在地上
这感觉像穿越时空
那往事已来到眼前
你的出现像彩虹一样灿烂
照亮我每一天
感谢你那阳光般的温暖
唤醒了我生命中全部的爱

——《镜子中》扭曲的机器

马克·吐温的智慧

马克·吐温在小的时候，有一天因为逃学被妈妈罚去刷围墙。围墙有3米高、30米长，比他的头顶还高出许多。

他把刷子蘸上灰浆，刷了几下。刷过的部分和没刷的相比，就像一滴墨水掉在一个球场上。他灰心丧气地坐了下来。

他的一个伙伴桑迪，提了一只桶跑过来。

"桑迪，你来给我刷墙，我去给你提水。"马克·吐温建议。

桑迪有点动摇了。

"还有呢，你要答应，我就把我那只肿了的脚趾头给你看。"马克·吐温说。

桑迪经不住诱惑了，好奇地看着马克·吐温解开脚上包的布。可是，桑迪到底还是提着水桶拼命跑开了，因为马克·吐温妈妈在瞧着呢。

马克·吐温另一个伙伴罗伯特走来，边走边啃着一只松脆多汁的大苹果，引得马克·吐温直流口水。

突然，他十分认真地刷起墙来，每刷一下都要打量一下效果，活像大画家在修改作品。

"我要去游泳。"罗伯特说，"不过我知道你去不了。你得干活，是吧？"

"什么？你说这叫干活？"马克·吐温叫起来，"要说这叫干活，那它正合我的胃口，哪个小孩能天天刷墙玩呀？"马克·吐温卖力地刷着，一举一动都显得特别快乐。

罗伯特看得入了迷，连苹果也不那么有味道了。

"嘿，让我来刷刷看。"

"我不能把活儿交给别人。"马克·吐温拒绝了。

"我把苹果核儿给你。"罗伯特开始恳求。

"我倒愿意，不过……"马克·吐温犹豫道。

"我把这苹果给你！"

小马克·吐温终于把刷子交给了罗伯特，坐到阴凉处吃起苹果来，看罗伯特为这得来不易的权利刷着墙。

一个又一个男孩子从这里经过，高高兴兴想去度周末，但他们个个都想留下来试试刷墙。

马克·吐温为此收到了不少交换物：一只独眼的猫，一只死老鼠，一个石头子，还有四块橘子皮。

成长启迪：

要吸引别人来帮忙，你可以像小吐温那样，首先表现出自己对这件事有着强烈的兴趣与信心，然后把这件事的益处充分地展示给别人看到。当你充满自信的展示，让别人感觉到这件事的确能满足他们的需要时，他们就会兴致高昂地加入到你的队伍中了。

智慧心语：

领导是具有这种能力的人：让人去做不愿做的事，并喜欢做。

——杜鲁门

我排在21位

　　佛瑞迪当时只有 16 岁，在暑假将临的时候，他对爸爸说："爸爸，我不要整个夏天都向你伸手要钱，我要找个工作。"

　　佛瑞迪在"事求人"广告中仔细寻找，找到了一个适合自己专长的工作。广告上说，找工作的人要在第二天早上 8 点钟到达 42 街的一个地方。佛瑞迪到那个地方时，已经有 20 个求职者排在前面，他是第 21 位。

　　怎样才能引起主试者的特别注意而为自己赢得职位呢？佛瑞迪想出了一个办法：他拿出一张纸，在上面写了一些东西，然后折得整整齐齐，走向秘书小姐，恭敬地对她说："小姐，请马上把这张纸条交给你的老板，这非常重要！"

　　秘书小姐是一名老手。如果她是个普通的职员，也许就会说："算了吧，小伙子，你回到队伍的第 21 个位置上去等吧。"但她没有这样做，她只觉得在这个小伙子身上散发出一种高级职员的气质。

　　"好啊，让我来看看这张纸条。"秘书小姐看了纸条，不禁微笑了起来，并立刻站起身走进老板的办公室。

　　老板看了也大声笑了起来，因为纸条上写着："先生，我排在队伍的第 21 位，在您看到我之前，请不要作决定。"

　　佛瑞迪是不是得到了工作？他当然得到了工作。这是他善动脑筋的应有结果。

　　是的，一个善动脑筋思索的人总能把握住问题，并能解决它，或者想出一种新的办法，给人以启发。佛瑞迪就是这样的一个人。

人脉是取得成功的重要要素。要想得到别人的赏识，首先就要吸引别人的注意。当你的周围拥有很多的竞争者的时候，适当耍耍"小聪明"，才能让你脱颖而出。当然，这种"小聪明"应该适当的圆融、变通一些，这样不仅能让对方开心，也会满足自己在人际交往中的需要。所以，我们做人做事不要太死板固执，圆通机变才能走出一条成功之路。

智慧心语：

评价一个人不应当根据他的才能，而应当根据他怎样善于发挥才能。

——拉罗什弗科

用勇气铺路

　　一位年轻人在杜兰特公司找到一份工作。半年后，他很想了解公司总裁对自己的评价。虽然他觉得事务繁忙的总裁可能不会理睬自己，但这位年轻人还是决定给总裁写一封信。他在信中向总裁问了几个问题，最后一个。也是最重要的一个问题是："我能否在更重要的位置上干更重要的工作？"

　　没想到总裁回信了。总裁没有回答这位年轻人的其他问题，只对他最后的问题作了批示："刚好公司决定建一个新厂，你去负责监督新厂的机器安装吧。但你要有不升迁也不加薪的心理准备。"随同那封回信，还有总裁给他的一张施工图纸。

　　年轻人没有经过这方面工作的任何训练，却要在短时间内完成任务，在一般人看来，这是非常困难的。年轻人也深知这一点，但他更清楚，这是一个难得的机遇，如果自己因为困难而退缩，那么可能永远也不会有幸运垂青于他。于是，他废寝忘食地研究图纸，向有关人员虚心请教，并和他们一起进行分析研究。最后，工作得以顺利开展，并且提前完成了总裁交给他的任务。

　　当这位年轻人向总裁汇报这项工作的进展时，意外的是，他没有见到总裁。一位工作人员交给他一封信，总裁在信中说："当你看到这封信时，也是我祝贺你升任新厂总经理的时候。同时，你的年薪比原来提高10倍。据我所知，你是不能看懂这图纸的，但是我想看看你会怎样处理，是临阵退缩还是迎难而上。结果我发现，你不仅具有快速接受新知识的能力，还有出色的领导才能。当你在信中向我要求更重要的职位和更高的薪水时，我便发现你的与众不同，这点颇令我欣赏。对于一般人来说，可能想都不会想给我写信这样的事，或者只是想想，但没有勇气去做，而你做了。现在，新公司建成了，我想物色一个总经理。我相信，你是最好的人选，祝你好运！"

生活中确实有许多的"不可能"驻扎在我们心头，它无时无刻不在侵蚀着我们的意志和理想，许多本来能被我们把握的机遇也便在这"不可能"中悄然逝去。其实，这些"不可能"大多是人们的一种想象，只要能拿出勇气主动出击，那些"不可能"就会变成"可能"。我们很多时候之所以不能成功，缺乏的不是才能和机遇，而是缺乏那种大胆尝试的勇气。而恰恰是勇气，令我们的生活变得多姿多彩，也令我们身边的人越聚越多。

智慧心语：

你虽在困苦中，也不要惴惴不安，往往总是从暗处流出生命之泉。不要因为时运不济而郁郁寡欢，忍耐虽然痛苦，果实却最香甜。

——萨迪

把过错揽到自己身上

沃道夫受雇于一家超级市场，担任收银员。有一天，他与一位中年妇女发生了争执。

"小伙子，我已将50美元交给您了。"中年妇女说。

"尊敬的女士，"沃道夫说，"我并没收到您给我的50美元呀！"

中年妇女有点生气了。

沃道夫及时地说："我们超市有自动监视设备，我们一起去看一看现场录像吧。这样，谁是谁非就很清楚了。"

中年妇女跟着他去了。录像表明：当中年妇女把50美元放到一张桌子上时，前面的一位顾客顺手牵羊给拿走了，而这一情况，谁都没注意到。

沃道夫说："女士，我们很同情您的遭遇。但按照法律规定，钱交到收款员手上时，我们才承担责任。现在，请您付款吧。"

中年妇女的说话声音有点颤抖："你们管理有欠缺，让我受到了屈辱，我不会再到这个让我倒霉的超市来了！"说完，她付了款就气冲冲地走了。

超市总经理吉拉德在当天就获悉了这一事件。他当即做出了辞退沃道夫的决定。

一些部门经理，还有超市员工都找到吉拉德，来为沃道夫说情和鸣不平，但吉拉德的意志很坚决。

沃道夫很委屈。吉拉德找他谈话："我想请你回答几个问题。那位妇女做出此举是故意的吗？她是不是个无赖？"

沃道夫说："不是。"

吉拉德说："她被我们超市人员当作一个无赖请到保安监视室里看录像，是不是让她的自尊心受到了伤害？还有，她内心不快，会不会向她的家人、亲朋诉说？她的亲人、好友听到她的诉说后，会不会对我们超市也产生反感心理？"

面对一系列提问，沃道夫都一一说"是"。

吉拉德说："那位中年妇女会不会再来我们超市购买商品？像我们这样的超市在纽约有很多，凡是知道那位中年妇女遭遇的人会不会再来我们超市购买商品？"

沃道夫说："不会。通过与您谈话，使我明白了您为什么要辞退我，我会拥护您的决定。可是我还有一个疑问，就是遇到这样的事件。我应该怎么去处理？"

吉拉德说："很简单，你只要改变一下说话方式就可以。你可以这样说：'尊敬的女士，我忘了把您交给我的钱放到哪里去了，我们一起去看一下录像好吗？你把'过错'揽到你的身上，就不会伤害她的自尊心。在清楚事实真相后，你还应该安慰她、帮助她。要知道，我们是依赖顾客生存的商店，不是明辨是非的法庭。怎样与顾客打交道，是我们最重要的课题！"

成长启迪：

其实，有时候和别人发生争执的时候，双方如果都互不相让，事情就很难解决，而且还会越闹越大。但如果我们主动让步，也许事情就不会很糟。当出现问题时，我们不妨先把过错揽到自己身上，这种方法是消除矛盾的最佳方式，也是一种比较高明的处事手段。

智慧心语：

由于热切地想要躲避过错，我们却常常更易陷入荒谬。

——贺拉斯

甘当绿叶

　　第一次登上月球的太空人，其实共有两位，除了大家所熟悉的阿姆斯特朗外，还有一位是奥德伦。当时阿姆斯特朗说的"我个人的一小步，是全人类的一大步"，早已是全世界家喻户晓的名言。

　　在庆祝登陆月球成功的记者会上，有一个记者突然问奥德伦一个很特别的问题："由阿姆斯特朗先下去，成为登陆月球的第一个人，你会不会觉得有点遗憾？"在全场有点尴尬的注目下，奥德伦很有风度地回答："各位，千万别忘了，回到地球时，我可是最先出太空舱的。"

　　他环顾了一下四周又笑着说："所以，我是由别的星球来到地球的第一个人。"大家在笑声中，给予了他最热烈的掌声。

　　其实，成功不属于某一个人，团队的成功就是每个人的成功，那你会不会欣赏同学或同事的成就呢？你会不会愿意从心里给别人热烈的掌声呢？这不但是一种修养，更是一项美德。

　　几十年过去了，太多的人已经不再记得奥德伦，不再记得他大度而不失幽默的回答。但是，几百年之后，即使人类已经到月球繁衍生息了，我们还依然需要像奥德伦那样的美德，真诚分享朋友的快乐，不让尘屑般的忧烦、懊恼侵扰他洁净如莲的心灵。

一个能够为朋友的成就衷心高兴的人，他的气度是宽广的，他的智慧是睿智的；一个人，能够欣赏可能掩盖自己光辉的人，他的心地是纯善的，他的人格是高尚的。评价一个人，不能仅仅盯着他脚下有多高的台阶，不能仅仅盯着他头上有多耀眼的光环，而要看他人格的投影，是高尚，还是卑微。

智慧心语：

真正的美德如河流，越深越无声。

——哈利法克斯

真实的高度

一天，大仲马得知他的儿子小仲马寄出的稿子总是碰壁，便对小仲马说："如果你能在寄稿时，随稿给编辑先生附上一封短信，或者只是一句话，说'我是大仲马的儿子'，或许情况就会好多了。"

小仲马固执地说："不，我不想坐在你的肩头上摘苹果，那样摘来的苹果没有味道。"年轻的小仲马不但拒绝以父亲的盛名做自己事业的敲门砖，而且不露声色地给自己取了十几个其他姓氏的笔名，以避免那些编辑先生们把他和大名鼎鼎的父亲联系起来。

面对一张张冷酷而无情的退稿笺，小仲马没有沮丧，仍在不露声色地坚持创作自己的作品。他的长篇小说《茶花女》寄出后，终于以其绝妙的构思和精彩的文笔震撼了一位资深编辑。这位知名编辑曾和大仲马有着多年的书信来往。他看到寄稿人的地址同大作家大仲马的丝毫不差，怀疑是大仲马另取的笔名，但作品的风格却和大仲马的迥然不同。带着这种兴奋和疑问，他迫不及待地乘车造访大仲马家。

令他大吃一惊的是《茶花女》这部伟大的作品，作者竟是大仲马那名不见经传的年轻儿子小仲马。

"您为何不在稿子上署上您的真实姓名呢？"老编辑疑惑地问小仲马。

小仲马说："我只想拥有真实的高度。"

老编辑对小仲马的做法赞叹不已。

《茶花女》出版后，法国文坛书评家一致认为这部作品的价值大大超越了大仲马的代表作《基督山恩仇记》。小仲马一时声名鹊起。

成长启迪！

脚踏实地是做任何事情的基石。小仲马的这种固执，正是他脚踏实地写作，不依赖于父亲的名声，而是靠自己的努力获得成功的个性体现。自古凡是取得巨大成功的人，无不是从容不迫、脚踏实地，从一点一滴做起。这种人知道，靠自己的努力获得的成果才是最可贵的，一味依赖于别人，就会失去独立的能力。而能够脚踏实地做事的人，往往得到别人的敬佩。不仅如此，我们可以调转视角看问题：对于大多数人来说，宁可与踏实却平凡的人交往，也不要与狡猾聪慧的人结交。

智慧心语：

我从我的梦想中汲取题材，我的儿子从现实中汲取题材；我闭着眼睛写作，我的儿子睁着眼睛写作；我绘画，他照相。我最得意的作品就是"小仲马"。

——大仲马

聪明的米开朗琪罗

意大利艺术家米开朗琪罗的作品中，被公认为最伟大作品的应该是他的大理石雕刻——大卫像。

然而，事实上，当米开朗琪罗刚雕刻好大卫像的时候，主管这件事的官员跑去看，竟然不满意。

"有什么地方不对吗？"米开朗琪罗问。

"鼻子太大了！"那位官员说。

"是吗？"米开朗琪罗站在雕像前看了看，大叫一声："可不是吗？鼻子是大了一点，我马上改。"说着就拿起工具爬上架子，叮叮当当地修饰起来。

随着米开朗琪罗的凿刀，掉下好多大理石粉，那官员不得不躲开。

隔一会儿，米开朗琪罗修好了，爬下架子，请那位官员再去检查：

"您看，现在可以了吧？"

官员看了看，高兴地说："是啊！好极了！这样才对啊！"

送走了官员，米开朗琪罗先去洗手，为什么？

因为他刚才只是偷偷抓了一小块大理石和一把石粉，到上面做做样子而已。

从头到尾，他根本没有改动原来的雕刻。

但是，各位想想：如果米开朗琪罗不这样做，而跟那位官员争，会有什么好的结果吗？

成长启迪！

　　"退一步，海阔天空。"其中深邃的人生哲理发人深思，这是一种自我的释放与超然的处世哲学。生活中，可能会遇到挑剔的人，也可能会遇到一些爱纠缠于鸡毛蒜皮之类小问题的人。如果你一时气上心头，与这种人大吵大闹一番，气是撒出去了，当时心里舒服了。可是，回头你还是难免要赔礼道歉，而之前你的大吵大闹形象还会破坏了你在周围人心中的好印象。有时，一次让步铸就人生的一次飞跃，那是包容之心，是谦让之心，是智慧的聚焦与显现。

智慧心语：

　　用争夺的方法，你永远得不到满足。但用让步的方法，你可得到比你所期望的更多。

——卡耐基

失败也能笑出来

在日本，有一位企业老总，每天坚持写一篇"光明日记"，里面记录的全是快乐的事情。他把每个月末召开的工作例会取名为"快乐例会"，在具体检查和布置工作之前，要求各部门经理用 3 分钟时间向大家汇报一下本月以来最快乐的事情，引得全场上下哈哈大笑……这位老总就是日本最大的零售集团"八百伴"公司总裁——和田一夫。

"八百伴"也曾经在一夜之间跌入低谷，当时和田一夫已是 72 岁的老人了。但"八百伴"的倒闭并没有压垮和田一夫心中的信念和快乐。他和几个年轻人合作，开办了一家网络咨询公司。

面对新的行业，他充满自信，脸上始终绽放着微笑。他快乐、热情和积极的人生态度，终于感动了顾客，没有多久，他就把生意做得红红火火，做出了人生的又一片"艳阳天"。

有记者问和田一夫，为什么他能在如此短的时间内反败为胜，东山再起？和田一夫快乐地答道："因为失败了，我也能笑出来！"

"失败了也能笑出来。"无论在什么情况下，哪怕是受到致命的打击，只要能像和田一夫那样，坚持"笑"下去，快乐地"笑"下去，担当起自己该承担的责任，那么，来自你生命中的阳光，终会催开人生成功的花朵。

智慧心语:

即使跌倒一百次,也要一百次地站起来。

——张海迪

给对手掌声

在一档世界职业拳王争霸赛的电视节目中，两个美国职业拳击手在激烈地比赛。年长的拳击手叫卡非拉，今年35岁；年轻的叫巴雷拉，今年28岁。

上半场两人打了6个回合，实力相当，难分胜负。在下半场第7回合中，巴雷拉接连击中老将卡非拉的头部，使后者鼻青脸肿。

短暂的休息时，巴雷拉真诚地向卡非拉致歉。他先用自己手中干净的毛巾一点一点擦去卡非拉脸上的血迹，然后把矿泉水洒在卡非拉头上，一脸歉意，那神情仿佛受伤的是自己。接下来，两人继续交手。

也许是年纪大了，也许是体力不支，卡非拉一次又一次被巴雷拉击中，倒在地上。

按规则，拳击手甲被打倒在地上后，由裁判连喊3声，如果拳击手甲起不来，则拳击手乙胜了。

趴在地上的卡非拉挣扎着想起身。此时，裁判开始报数：1、2……当3还没出口，巴雷拉突然一把将卡非拉拽了起来。裁判感到很吃惊，这样的举动在拳场上很少见。

巴雷拉向裁判解释说："我犯规了，只是你没有看见，这局不算我赢。"扶起卡非拉后，他们微笑着击掌，继续交战。

最终，卡非拉以108：110的成绩负于巴雷拉。观众潮水般涌向巴雷拉，向他献花、致敬、送礼物。巴雷拉拨开人群，径直走向被冷落的老将卡非拉，他把鲜花送给了卡非拉。两人紧紧地抱在一起，相互亲吻彼此被击中的部位，看起来就像是一对亲兄弟。卡非拉真诚地向巴雷拉祝贺，脸上挂着由衷的笑容，他握住巴雷拉的手，高高举过头顶，向全场观众致敬。

成长启迪：

虽然在比赛中，巴雷拉以实力赢得了最终的胜利，但是，他给人们留下的印象已不仅仅是拳术的高超，更多的则是人格上的伟大。有时候，搬走别人脚下的一块石头就等于给自己打开了一条成功的捷径。在自己胜利的时候，尊重对手，在自己失败的时候，给对手掌声，这都是一种更加可贵的成功。要知道，能够赢得对手的尊重，你的交际圈才能一阔再阔。

智慧心语：

同我们角斗的对手强健了我们的筋骨，磨炼了我们的技巧，我们的对手就是我们的帮手。

——埃德蒙·伯克

全力以赴，总会有人注意到你

　　前美国国务卿鲍威尔并不是出身名门望族，这位黑人原本家道寒微。他在年轻的时候就胸怀大志，为帮补家计，凭借自己壮硕的身体，从事各种繁重的工作。

　　有一年夏天，鲍威尔在一家汽水厂当杂工，除了洗瓶子外，老板还要他抹地板、搞清洁，等等。他毫无怨言地认真去干。

　　一次，有人在搬运产品中打碎了50瓶汽水，弄得车间一地玻璃碎片和团团泡沫。按常规，脏了的地面是要由弄翻产品的工人清理打扫的。老板为了节省人工，要干活麻利爽快的鲍威尔去打扫。当时的鲍威尔有点气恼，欲发脾气不干，但转念一想，自己是厂里的清洁杂工，这也是分内的活儿。于是，鲍威尔尽力把满地狼藉的脏物扫除揩抹得干干净净。

　　过了两天，厂里的负责人通知他：他晋升为装瓶部主管。自此，鲍威尔记住了一条真理：凡事悉力以赴，总会有人注意到自己的。

　　不久，鲍威尔以优异的成绩考进了军校。后来，鲍威尔官至美国参谋长联席会议主席，衔领四星上将；又曾膺任北大西洋公约组织、欧洲盟军总司令的要职；最后成了布什总统组阁的国务卿。

　　鲍威尔一直全力以赴地工作。在五角大楼上班时，这位四星上将往往是最早到办公室，又是最迟下班的。同僚们赞赏他说："我们的黑将军，无处不身先士卒！"

　　鲍威尔在西点军校发表演说时，曾以"凡事要悉力以赴"为题，对学员们讲述了一个颇富哲理的故事：

　　在建筑工地上，有三个工人在挖沟。第一个人心高气傲，每挖一阵就拄着铲子说："我将来一定会做房地产老板！"第二个人嫌辛苦，不断地埋怨说干这种下等活儿时间长、报酬低。第三个人不声不响、挥汗如雨地埋头干活，同时脑子里琢磨如何挖好沟坑，令地基牢实……若干年后，第一个人仍无奈地拿着铲子干着挖地沟的辛苦活儿；第二个人虚报工伤，找

个借口提前病退，每月领取仅可糊口的微薄退休金；第三个人成了一家建筑公司的老板。

据说，军校将鲍威尔的故事作为教育学员"凡事都要悉力以赴"的活教材。

成长启迪：

当我们经常抱怨怀才不遇，没有人赏识的时候，有没有想过，我们是否真正全力以赴去将每一件事情做好。成功的一切结果都是建立在全力以赴、尽职尽责做好日常工作的基础上的。不要小看一些小事，它往往成为决定成败的关键。所以，无论是什么工作，无论是不是大事，无论是不是你分内的事，你都应该抱着"既然做了，就一定要做好"的想法。无论做什么都怀着必胜的信念全力以赴，这样才能得到多数人的欣赏和喜欢，从而走向成功的殿堂。

智慧心语：

英雄就是对任何事都全力以赴，自始至终，心无旁骛的人。

——波特莱尔

回归自己最熟悉的圈子

《伊索寓言》中有一个关于乡下老鼠和城市老鼠的故事。

城市老鼠和乡下老鼠是好朋友。有一天，乡下老鼠写了一封信给城市老鼠，信上这么写着："城市老鼠老兄，有空请到我家来玩，在这里，可以享受乡间的美景和新鲜的空气，过着悠闲的生活，不知您意下如何？"

城市老鼠接到信后，高兴得不得了，立刻动身前往乡下。到那里后，乡下老鼠拿出很多大麦和小麦，放在城市老鼠面前，城市老鼠不以为然地说："你怎么能够老是过这种清贫的生活呢？住在这里，除了不缺食物，什么也没有，多乏味呀！还是到我家吧，我会好好招待你的。"

于是，乡下老鼠就跟着城市老鼠进城去了。

到了城里，乡下老鼠看到城市老鼠驻扎的房子那么豪华、干净，非常羡慕。想到自己在乡下从早到晚都在农田上奔跑，以大麦和小麦为食物，冬天还得在那寒冷的雪地上搜集粮食，夏天更是累得满身大汗。和城市老鼠比起来，乡下老鼠觉得自己实在太不幸了。

聊了一会儿，他们就爬到房子里的餐桌上开始享受美味的食物。突然，"砰"的一声，门开了，有人走了进来。他们吓了一跳，飞也似地躲进墙角的洞里。

乡下老鼠吓得忘了饥饿，想了一会儿，他戴起帽子，对城市老鼠说："还是乡下平静的生活比较适合我。这里虽然有豪华的房子和美味的食物，但每天都紧张兮兮的，倒不如回乡下去吃麦子来得快活。"说罢，乡下老鼠就离开了城市，又回乡下去了。

一成长启迪：

不同习性的老鼠，有不同的生活方式，即使它们曾经对不同的世界感到好奇、有趣，但是，最后还是得回归到自己所熟悉的生活圈子中去。其实人也是如此，我们要想在生活中找到知己，那么对方也一定是在我们最熟悉的圈子里。所以，不要总去羡慕别人的交际环境，最重要的还是找到最适合自己的交际环境。

智慧心语：

　　一颗种子，落在膏腴的泥土里便能茁壮成长，落在石田，便枯死了。

—— 茅盾

花季密语 跟着名人学交友

瞿秋白比鲁迅小了整整 18 岁。然而，就是这样两位年纪相差巨大的杰出知识分子，却成了忘年之交。鲁迅在送给瞿秋白的一幅对联上就曾感慨道："人生得一知己足矣，斯世当以同怀视之。"那么，他们是如何成为知己的呢？从这两位名人的交往历程中，我们能学到很多的交友智慧。

✱ 兴趣相投，取长补短

同学们在交友时，要注重择友问题。可以像鲁迅与瞿秋白那样，选择志同道合、兴趣相同的人做朋友。而且，每个人都有自己的长处和优点，在交往中，可以从对方的身上学习长处，取其长，补己短。只有这样，才能在结交中互相提高，让友谊香花烂漫。

1931 年前后，鲁迅发现苏联文学作品对当前的革命工作有着积极的教育意义，有意于向国人译介和推广，只是他不懂俄文，只能从日文转译。后来，他结识了精通俄文的瞿秋白，发现对方十分重视苏联"无产阶级文学名著"。一时间，两人深感相见恨晚。而后，鲁迅取长补短，请瞿秋白翻译了长篇小说《新土地》和剧作《解放了的堂·吉诃德》等名作。两人互称"敬爱的同志"，坦率地交换关于语言和翻译问题的不同意见。

随着交往日渐加深，两人经常在一起秉烛长谈，相互砥砺。瞿秋白还根据自己与鲁迅的漫谈写了 11 篇杂文，然后交由鲁迅修改，再用鲁迅当时常用的笔名发表。作为作家，在最为珍视的创作上如此默契地合作，不分你我，足见这对儿"知己"的相知之深。

鲁迅不懂俄文，却热心译介俄文作品；瞿秋白精通俄文，也十分重视苏联文学。瞿秋白以己之长，补鲁迅之短，做了鲁迅本来想做的事情。二者兴趣相投、交谈甚欢，瞿秋白将二人的漫谈心得付诸文字，然后交由以杂文见长的鲁迅修改。他们各取其长，互相砥砺，不仅增深了两人的友情，

也为后人留下了宝贵的精神食粮。

✲ 危难之时，临危不惧

同学们在与朋友交往时，要有一种"与人肝胆相照"的侠义心肠。也就是说，只要对方所做的事是正义的、正直的，我们就要心怀正气帮助对方。所谓患难见真情，在危难时刻，倾心相帮的朋友更能成为真朋友，这样的友谊才能够经得住时间的考验。

从 1931 年开始，国民党政府悬赏两万元追捕革命志士瞿秋白。从此，只要瞿秋白命悬一线又无处藏身时，便到鲁迅家里避难。这样的避难有 4 次，持续约 3 年，每次都是等到"警报"解除，瞿秋白才离开。

在当时的环境下，正是瞿秋白一次次在鲁迅住所避难，才为两位文坛巨匠情感交流、并建立伟大的友谊创造了条件。同时，避难也检验了二人在患难之中的真挚情感。为此，瞿秋白曾多次对一位党内同志说："我是在危难中去他家，他那种亲切的慰勉、临危不惧的精神，实在感人至深。"

瞿秋白被重金悬赏追捕，为他这样的"敏感人物"提供藏身之地，在当时的环境下无异于引火上身。但是，鲁迅却在朋友有难时临危不惧，收留好友，这种无畏的精神与亲密的友情让人感动。一方面，这体现出了鲁迅对革命工作的热情和支持，以及对朋友肝胆相照的精神；另一方面，也看出了瞿秋白对鲁迅这个朋友笃定的信任。

✲ 雪中送炭，慷慨相助

同学们在交往中，帮人应讲究艺术，不能好心帮了倒忙。帮朋友要注重选择恰当的形式，要注意保护对方的自尊，考虑到对方的心理接受程度；要在平等中让对方感受到雪中送炭的温暖，而不是居高临下地让对方有吃到"嗟来之食"的感觉。如果你的朋友能够在自尊与自爱中心安理得地接受你的帮助，你受点损失又何妨？

在左联时期，瞿秋白被王明宗派集团排斥在党的领导机构之外，他的生活陷入窘境，经济上入不敷出。鲁迅看在眼里，急在心上。

1932 年 8 月，鲁迅打算把自己的《二心集》和瞿秋白翻译的高尔基 4

篇短篇小说一起出版，但出版商不愿买下瞿秋白的译作。于是，鲁迅把《二心集》的版权一起售出，出版商这才同意，《二心集》因而成为鲁迅著作中唯一出售版权的书。

1933 年 7 月，鲁迅为使瞿秋白能得到一笔稿费，便请他编了一本《鲁迅杂感选集》。鲁迅明知这本选集出版后，会影响自己单本杂文集的发行量，但他仍催促书局老板："此书印行，以速为佳。"

《鲁迅杂感选集》出版后，鲁迅便给瞿秋白"编辑费"200 元，其中一半钱是鲁迅垫付的。而这一切，鲁迅自始至终没有告诉瞿秋白，瞿秋白也心知肚明，对鲁迅感激不尽。

为了帮助经济拮据的瞿秋白，作为他朋友的鲁迅不惜牺牲自己的利益，比如出售版权、不惜自己单行本的发行量受到影响，而请瞿秋白编选文集，等等，终于帮助瞿秋白渡过了难关。不仅如此，鲁迅的这种帮助又是不露痕迹，易于让瞿秋白平等而有尊严地接受。

出书、编书只是一种帮助的形式，为好友创造经济收入才是鲁迅的目的。可见，鲁迅这种不求回报、甘于牺牲的帮助方式是用心良苦的，又十分妥帖的。

鲁迅和瞿秋白这对披肝沥胆、生死与共的挚友，他们的交往经历在中国革命史和文学史上留下了光彩而有意义的篇章，他们的交往故事值得我们深思和借鉴。

好人缘交际支票

赠送物品

伸出援手

同心协力

有求必应

有 效 期：

收款人：

联系方式：

备　注：

个人签名

好人缘交际支票

赠送物品

伸出援手

同心协力

有求必应

有 效 期：

收 款 人：

联系方式：

备　　注：

个人签名

好人缘交际支票

赠送物品

伸出援手

同心协力

有求必应

有 效 期：

收 款 人：

联系方式：

备　　注：

个人签名